Alfons Sarrach

Jahrhundertskandal

Von der unhaltbaren Kritik an den Evangelien

MIRIAM-VERLAG

Meiner Frau Anneliese Sarrach-Hempel gewidmet,
die mir als Historikerin wertvolle Hinweise geliefert hat.

Sie war mir stets erste Kritikerin und hat viele persönliche Opfer auf sich genommen, um meine literarische Arbeit zu stützen.

1. Auflage 2003

Satz und Druck: Miriam-Verlag
Printed in Germany
ISBN 3-87449-323-7

Alfons Sarrach

Jahrhundertskandal

Von der unhaltbaren Kritik an den Evangelien

Inhaltsverzeichnis

Teil 1

Hilferuf eines Getäuschten

Nachdenklich schweifte der Blick des jungen Mannes über die langen Reihen der Bücherwand hinter meinem Rücken, Bücher in verschiedenen Sprachen, zu verschiedenen Bereichen. „Haben Sie die alle gelesen?“ fragte er mit einem leichten Lächeln. „Einen beachtlichen Teil schon, den Rest angelesen“, antwortete ich.

Der überwiegende Teil der Titel betraf politische Themen, gesellschaftliche. Psychologische Fachbücher hielten eine ganze Reihe besetzt. Auch Philosophie und Theologie waren vertreten. An der rechten Seite, noch nicht eingeordnet, lagen mehrere Bände mit bibelwissenschaftlicher Thematik neueren Datums.

„Haben Sie in einem der Bücher der Weisheit letzten Schluss gefunden?“ setzte der Gast nach. Er saß in einem bequemen Stuhl mit Lehnen im Stil der Biedermeierzeit. Die Frage klang leicht aggressiv, ironisch. Ich runzelte, hinter dem Schreibtisch sitzend, die Stirn. „Kein Buch kann uns die letzte Weisheit liefern. Die müssen wir selbst finden. Der Sinn unseres Lebens besteht in der Suche nach dem Sinn des Lebens.“ – „Gibt es den überhaupt? Laufen wir nicht Illusionen nach? Sind wir nicht Betrogene von Anfang an? Jung und gesund muss man sein – wie meine Kommilitonen –, um sich von solchen Antworten beeindrucken zu lassen. Mich sprechen sie nicht mehr an!“

Damit leitete er, ein wenig stockend, zum Grund seines Kommens über. Er versuchte innere Überlegenheit über sein Schicksal zu demonstrieren, aber aus seinen Augen sprach pure Verzweiflung. Markus war sein Vorname. Er litt an einer Doppelkrankheit. Erst hatte ihn in der Pubertät die Psoriasis, eine schwere Schuppenflechte heimgesucht. Später kam Aids hinzu. Die Krankheit hatte ihn um alle Lebensfreude gebracht. Er habe sogar aufgegeben zu lesen, obwohl er einmal ein Büchernarr gewesen sei. Eine Freundin hätte ihm empfohlen, das Gespräch mit mir zu suchen. Sie gehöre einer christlich gefärbten esoterischen Bewegung an.

Alle hätten sie ihn betrogen, hätten von neuer, endgültiger Freiheit gefaselt, von einem Leben ohne Repression. Die eigenen Eltern hätten ihm einmal gesagt, wie glücklich doch seine Generation sei, sie brauche keine sexuellen Ängste mehr zu haben. Heute hätte man alles im Griff: die Pille, überall verfügbare Kondome, die Möglichkeit der Abtreibung, wenn es doch einmal schief gehen sollte – ohne gleich kriminalisiert zu werden. Das sei zu ihrer Zeit anders gewesen. Bei der körperlichen Liebe sei oft mehr Angst als Lust dabei gewesen, vor allem beim Mädchen, aber auch beim Mann.

„Mag sein", schloss er seinen Einstieg ins Gespräch, „mag sein, dass sie es mit der Sexualität schwieriger hatten. Aber sie blieben von jenem Schicksal verschont, das mich heimgesucht hat. Jetzt schauen sie ratlos drein. Helfen können sie mir nicht." Sie hätten ihn warnen sollen, Leitbilder aufzeigen, die ein Damm gegen die Irrlichter der Zeit gewesen wären. Was ihm jetzt geblieben sei, sei die Sehnsucht nach einem baldigen Tod. Die Ärzte versuchten sein armseliges Leben mit modernen Tricks, die ihnen inzwischen zur Verfügung stehen, zu verlängern. Sie zementierten die Selbsttäuschung, in die er hineingestoßen worden sei, von Eltern, Lehrern und der Clique. Sein einziger Traum sei es dagegen, alles möglichst schnell und schmerzlos zu beenden, die Rückkehr ins Nichts, aus dem er gekommen sei und das er lieber nicht verlassen hätte, dann wäre ihm die Hölle erspart geblieben, in der er lebe. Er wundere sich, warum er selbst noch nicht Schluss gemacht habe. Vielleicht sei es das Mädchen mit seinen absonderlichen Ideen.

Ich hatte den Eindruck, als wolle er zwei Generationen auf die Anklagebank schicken, die seiner Eltern und die seiner Großeltern. Während er vor sich hinstarrte, überlegte ich, womit und wie ich ansetzen könnte, um ihm zu helfen, aus der geistigen Dunkelheit herauszukommen. Vielleicht könnte ein Gedanke weiterhelfen, den ich gelegentlich bei jungen Menschen geäußert hatte, die hoffnungslos erkrankt waren:

„Mir scheint, dass es nicht auf die Länge unseres Lebens ankommt, nicht auf das, was wir geleistet haben, sondern auf die Fülle. Man kann nach einem langen Leben auf eine große Leere zurückschauen, trotz eindrucksvoller Taten, und nach nur wenigen Lebensjahren in dem Bewusstsein aus dem Dasein scheiden, den tiefsten Sinn der eigenen Existenz erkannt und das Ziel erreicht zu haben.“

Ich griff nach einer kleinen Ausgabe des Neuen Testamentes, das auf meinem Schreibtisch lag, und fing an, darin zu blättern. „Sie haben vor zweitausend Jahren einen Namensvetter gehabt. Er hat den Menschen im Römischen Imperium, das zwar Macht auszuleben verstand, das Brot und Spiele bieten konnte, aber auf die eigentlichen Fragen der Menschen keine Antwort mehr wusste, eine Botschaft gebracht. An die Welt der Götter glaubten aufgeklärte Menschen schon damals nicht. Mit einem kleinen Büchlein hat Markus, so hieß der Mann, versucht, neue Perspektiven aufzuzeigen. Er hat teuer dafür bezahlt, er musste in den 60er Jahren des ersten Jahrhunderts von Rom nach Ägypten fliehen. Dort erreichten ihn die Spitzel der Staatsmacht. Er wurde hingerichtet. Er hat mit seinem Leben bezeugt, was er zu Papier, eigentlich auf das Pergament gebracht hatte."

„Alles doch nur Mythen", unterbrach mich mein Gast. „Jahre haben unsere Lehrer mit Überzeugungskraft nachgewiesen und unser Religionslehrer hat ihnen sekundiert, dass es Legenden seien, erst Jahrzehnte nach der Kreuzigung Jesu entstanden, als die Erinnerung an ihn längst verblasst war. Wollen Sie mich mit Mythen abspeisen? Dann hätte ich lieber daheim bleiben sollen."

„Und wenn es keine Mythen sein sollten? Wenn es eher die verschiedenen Wissenschaftler des 18., 19. und 20. Jahrhunderts gewesen sind, die einen falschen Weg eingeschlagen und uns getäuscht haben, Forscher und Denker, die das Gehirn und das sehr begrenzte Wahrnehmungsvermögen unserer Sinne zum höchsten Maßstab erhoben haben? Ihre Lehrer standen und stehen immer noch unter dem Eindruck eines mechanistischen Weltbildes, das heißt sie meinen, die Welt sei eine große Maschine, die man bis in die kleinsten Teilchen zerlegen und wieder zusammenbauen kann.

Die Lehre von den kleinsten Teilchen, die Quantentheorie hat dies bereits 1927 widerlegt, aber bis heute hat es sich noch nicht bei Professoren, Lehrern, bei Fernsehmoderatoren und bei Redakteuren herumgesprochen, auch bei Religionslehrern nicht. Deshalb besteht ihre Abneigung gegen alles, was unserer Vernunft zu widersprechen scheint. Sie hinken der Zeit um mehr als ein halbes Jahrhundert hinterher. Die Welt ist keine tote Konstruktion, die Welt, das Universum, lebt, alles ist miteinander verwoben, alles beeinflusst sich gegenseitig, ständig gibt es spontane Neuentwicklungen, Ereignisse, die niemand vorausberechnen kann. Wir haben die ganzheitliche Sicht verloren, auch die Theologen. Sie sind hervorragend im Zerlegen, sie sezieren Texte, Sätze und Worte, sie studieren Sprachsysteme und Buchstaben. Für die große übergreifende Perspektive haben sie kein Gespür. Sie berauschen sich am Auseinandernehmen.

Markus hatte vor zweitausend Jahren noch den Überblick. Vielleicht verdient er es doch, wieder ernst genommen zu werden. Rassismus und Marxismus waren nicht die einzigen Verirrungen im 20. Jahrhundert, die sogenannte Bibelkritik ist der einseitigen Sicht der Dinge aufgesessen und hat sie kopiert, auf die Schrift angewandt. Dabei ist ihr das Gespür für die Seele dieser Literatur verloren gegangen. Und wir sind ihre Opfer, Sie und ich. Wir sollten den Mut haben, alles neu zu überdenken, frei von Fesseln, von ideologischen, wissenschaftlichen Vorurteilen. Es könnte sich uns eine neue Sicht eröffnen."

Es wurde ein langes Gespräch über Stunden. Man spürte, die Theorien der Lehrer, Erzieher waren sie längst nicht mehr – sie hatten sich tief in seinem Bewusstsein eingenistet. Das Gespräch drehte sich im Kreise. Schließlich meinte er:

„Sie äußern Gedanken, die ich bisher noch nie gehört habe.“ – „Weil nichts sich so hartnäckig im Gehirn hält wie ein Vorurteil, wie ein Weltbild, das plausibel, vor allem bequem erscheint“, antwortete ich.

Das Gesicht des Markus, der vor mir saß, bekam einen anderen Ausdruck. Der leichte Anflug von Zynismus, der bei seinem Eintritt ins Zimmer noch um seine Mundwinkel lag, schien zu weichen. Im Gesicht meines jungen Gegenübers zuckte es. Nach längerem Schweigen schaute er mich fest an.

„Wenn Sie es besser wussten, warum haben Sie dann geschwiegen? Meinen Sie nicht, dass Sie in einer gewissen Hinsicht mitschuldig geworden sind an der Trostlosigkeit von heute? Ihr Wissen hier“, er zeigte mit der Hand auf die Regale, „mag für Sie ein geistiger Leckerbissen sein. Die Menschen haben nichts davon, wenn Sie es nicht weitergeben!“

Markus stand auf, machte eine Geste, sich zu verabschieden: „Für heute reicht es. Ich muss erst darüber nachdenken. Was ich von Ihnen gehört habe, widerspricht fast allem, was mir über Jahre auf der Schule vermittelt und auf der Hochschule suggeriert wurde. Die Ideologen haben versagt, auf allen Gebieten. Schauen Sie auf mein ruiniertes Leben. Mir bleibt nicht mehr viel Zeit.“ – „Ihr Leben ist nicht ruiniert, es hat einen tiefen Sinn, auch wenn Sie es nicht verstehen können. Noch nicht.“ – „Dann tragen Sie dazu bei, dass ein wenig Licht in diese Dunkelheit kommt.“

Ich nickte nur, er reichte mir die Hand. „Grüßen Sie Ihre Freundin“, sagte ich. „Es würde mich freuen, sie einmal kennen zu lernen." – „Das wird kaum möglich sein, so stark sind die Bindungen nicht. Bei einem Aidskranken lässt sich ihre Zurückhaltung übrigens verstehen. Ich versuche es."

Als er gegangen war, fing es draußen an zu dämmern. Mehr seelisch ermüdet als körperlich, setzte ich mich im Nebenzimmer in einen Sessel. Der junge Mann hatte mich betroffen gemacht. Hat meine Generation wirklich versagt? Habe auch ich – was diesen Bereich angeht – versagt? Immerhin gab es bereits ein paar kluge Köpfe in Deutschland, die eine neue Richtung auf diesem Gebiet einzuleiten versuchten. Wäre es für mich überhaupt möglich gewesen, sich dem allgemeinen Trend in der Öffentlichkeit zu widersetzen, wäre man nicht zum Aussätzigen geworden, zum Paria in den Augen der Fachwelt?

Im Gedächtnis hatte ich noch die Antworten mehrerer namhafter Verlage, nachdem ich ihnen das Manuskript zu meinem Thomasroman eingereicht hatte, die Geschichte eines der Jünger Jesu, der bis nach Indien vorgedrungen war. Ich hatte mich angeblich nicht am heutigen Stand des Wissens orientiert. Man hielt mich, den Eindruck hatte ich, für einen Mann, der hoffnungslos hinter der Zeit herhinkte, und empfahl mir – ein wenig von oben herab – Albert Schweitzer und Eugen Drewermann zu studieren. Was ich in den 80er Jahren nicht ahnen konnte war, dass gerade diese beiden Männer von der Entwicklung längst überholt worden waren.

***

Ein paar Tage waren vergangen. Abgespannt nahm eine unserer Töchter am Mittagstisch Platz. Sie besuchte die örtliche Mädchenschule. Etwas schien sie zu bedrücken. Plötzlich legte sie ihr Besteck beiseite, schaute uns an und sagte: „Ich bin verwirrt. Unser Religionslehrer schwadroniert über Dinge, die mir instinktiv zuwider sind. Er hat heute damit begonnen, von einem Jesus der Geschichte und einem Christus des Glaubens zu reden. Wenn ich ihn richtig verstanden habe, meint er damit, dass Jesus, wie wir ihn kennen und verehren, keine historische Grundlage hat, sondern das Ergebnis einer Projektion, sagen wir der Phantasie der ersten christlichen Gemeinden vor 1900 Jahren darstellt. Das widerspricht dem, was ich immer von dir gehört habe". Ich reagierte betroffen. Nun hatte ich das Problem, das mir von auswärts ein fremder junger Mann anvertraut hatte, im eigenen Hause.

Ein paar Wochen später kam es bei uns zu einem Familiendrama. Unsere jüngste indische Tochter musste Deutschland verlassen. Die Umstände fügten es, dass sie in den englischsprachigen Raum auswanderte. Sie sollte dort die Schulausbildung abschließen und sich dem Universitätsstudium zuwenden. Wir waren eher bedrückt denn begeistert.

Was ich damals nicht wissen konnte war, dass ihr Schritt mir neue Horizonte eröffnen würde. Im angelsächsischen Sprachgebiet, in das sie sich zurückzog, fiel mir Literatur in die Hand, die zum immer stärkeren Impuls wurden, die Gedanken jenes jungen Aidskranken in meinem Arbeitszimmer aufzugreifen. Ich fing an, mich mehr und mehr mit neuesten Arbeiten der Bibelwissenschaft zu beschäftigen. So reifte langsam die Entscheidung heran, mich an diesen Titel zu wagen.

Voraussetzungen

Im Jahre 1930 erschien in England ein Buch unter dem Titel »Who Moved the Stone?« (»Wer hat den Stein entfernt?«). Verfasser war Frank Morison. Neuauflagen sind noch heute in englischen Fachbuchhandlungen zu haben. Morison ist ein Pseudonym. Sein eigentlicher Name war Henry Ross (1881-1950). Unter dem Einfluss der sogenannten historisch-kritischen Methode aus Deutschland, auf die in einem späteren Teil noch eingegangen wird, wollte er die Berichte in den Evangelien über die Auferstehung Jesu in einem modernen literarischen Stil als Unsinn bloßstellen.

Er beschränkte sich daher auf die letzten sieben Tage Jesu auf Erden. Es ist eine gewissenhafte, gekonnte Forschungsarbeit – und eine sehr überzeugende. Was mir allerdings bei meinem Rückblick auf die Geschichte der Bibelwissenschaft in den letzten zweihundert Jahren auffiel, war, dass dieser Autor in kaum einem Fachbuch in der am Schluss gewöhnlich aufgeführten Bibliographie zu finden ist. Im Jahre 2001 erläuterte mir ein führender Exeget der angelsächsischen Welt die Gründe dieses merkwürdigen Verschweigens.

„Ein gutes Buch", meinte er. „Aber er war kein Bibelwissenschaftler, sondern – wie sich später herausstellte – produktiver Schriftsteller in einer Werbeagentur. Darin mag ein Grund des Verdrängens liegen." Das Buch musste dennoch im 20. Jahrhundert den zehn besten Positionen zur Verteidigung der Auferstehung Jesu zugerechnet werden. Denn eine solche ist es schließlich geworden.

Diese Tatsache spiegelt etwas von der Arroganz der akademischen Welt wider, die oft nicht nur Jahrzehnte, sondern Jahrhunderte von falschen Denkmustern versklavt war. Die Engländer sprechen von Paradigmen.

Als ich mich an diese Arbeit wagte, befand ich mich in einer besseren Position als Morison alias Ross. Immerhin hatte ich fünf Jahre Studium der Bibelexegese auf dem Konto meines Ausbildungsweges, einschließlich Grundstudium in der griechischen und in der hebräischen Sprache, danach etwa fünfzig Jahre Interesse – allerdings nur nebenher – vor allem an der biblischen Archäologie. Zwischendurch ergaben sich immer wieder Kontakte mit hervorragenden Vertretern der Bibelwissenschaft.

Unvergessen bleibt für mich ein Abend in Rom – es war zu Beginn des Zweiten Vatikanischen Konzils Anfang der 60er Jahre – mit dem italienischen Exegeten Giuseppe Ricciotti, Verfasser des Buches »Vita di Gesù Cristo« (»Das Leben Jesu Christi«), das ich mir zu Beginn der 50er Jahre unter schwierigen Umständen nach Polen hatte kommen lassen, das damals ein kommunistisches Land hinter dem sogenannten „Eisernen Vorhang" gewesen war. In Rom habe ich mich zwei polnischen Bischöfen angeschlossen, einer von ihnen war der Krakauer Weihbischof Karol Wojtyla, der spätere Papst Johannes Paul II. Allein wäre ich an Ricciotti wohl nie herangekommen. Ein Glücksfall, denn ein Jahr später lebte er nicht mehr. Er war einer der großen, international anerkannten Exegeten seiner Zeit. Seine Jesusbiographie, die 1941 mitten in den Wirren des Zweiten Weltkrieges herausgekommen ist, wird heute noch verlegt.

Ende der 80er Jahre erlernte ich die kroatische Sprache an der hervorragenden Übersetzung des Neuen Testamentes aus dem griechischen Original von Professor Ljudevit Rupcic. Mit ihm verband mich bis zu seinem Tode im Jahre 2003 eine herzliche Freundschaft und für seinen jüngeren Kollegen, Prof. Ivan Dugandzic, gilt das bis heute.

Zum Auftakt des neuen Jahrtausends empfing mich mit meiner Tochter Meena in der Londoner Westminster Abbey der anglikanische Professor N. T. Wright, ein führender Exeget in der angelsächsischen Welt. Im Juli 2003 wurde er in York zum Bischof von Durham geweiht. Davor hatte ich den katholischen Exegeten John M. Redford aus Birmingham kennengelernt, einen Konvertiten, dem ich wertvolle Hinweise verdanke.

Manche ungewöhnliche Persönlichkeiten dieses Schlages ausgenommen, die nicht nur forschten, sondern sich zu leben bemühten, in was sie eingedrungen waren, sind mir andere eher dadurch in der Erinnerung haften geblieben, dass sie nicht durch Bescheidenheit glänzten. Selbstgefälligkeit schien ein Berufsmerkmal der Hochschulwelt im allgemeinen zu sein, was zum Teil den Zorn der sogenannten 68er Generation erklärte, die im 20. Jahrhundert auf den Universitäten den Aufstand gegen ihre Lehrer probte. Theologieprofessoren bildeten leider keine Ausnahme. Bei manchen von ihnen war es außerdem mit der Religiosität nicht gut bestellt. Meine eigenen Eindrücke wurden durch die Bemerkung eines Geistlichen bestätigt, der heute selber Professor der Exegese an einer angesehenen Universität ist. Über einen seiner Lehrer, einen international bekannten Bibelwissenschaftler, sagte er: „Der Mann hat wenigstens gebetet." Die tiefste – oft nicht einmal eingestandene – Wurzel der bibelwissenschaftlichen Verirrungen lag und liegt meines Erachtens im Unglauben der Forschenden oder in einer Geisteshaltung der Verneinung.

Behilflich war mir bei der Aufarbeitung der traurigen Geschichte der Exegese die Kenntnis von fast einem Dutzend Fremdsprachen. Französische, englische, italienische, polnische u.a. Kommentare konnte ich im Original verfolgen, eine sehr wichtige Voraussetzung, weil heute viele exzellente ausländische Positionen gar nicht mehr ins Deutsche übersetzt werden. Nicht nur deutsche Schüler hinken laut der berühmten Pisa-Studie hinter der Entwicklung her, die Exegeten tun es auch.

Das Studium der Geschichte der Bibelwissenschaft im 19. und 20. Jahrhundert hat mich gelehrt, dass es keinen Sinn hat, gegen diese akademische Welt auf gleicher Ebene anzutreten. Sie lässt nichts außerhalb ihrer Zunft gelten. Sie mauert sich ein. Darin liegt übrigens einer der Gründe ihrer zum Teil katastrophalen Irrtümer. „Die Weichenstellung in der Forschung muss von außen kommen", meinte ein bekannter Exeget aufrichtig, „sonst sind die Denkmuster nicht aufzubrechen. Und man darf bei den Anstößen nicht zu zimperlich sein." Klaus Berger, einer der wenigen Pioniere der Neuorientierung in Deutschland im Bereich der Exegese, hörte ich in einem Vortrag sagen: „Wer Gedanken vertritt, wie ich sie vertrete, muss mit allem Irdischen abgeschlossen haben." Das lässt Bitteres erahnen.

Dieser Titel zielt deshalb nicht auf die Fachwelt, sondern hat Vertreter der jungen Generation im Auge, die nach neuer Orientierung suchen, und jene Vertreter der älteren Generation, die mehrere Jahrzehnte mit großem Unbehagen die merkwürdigsten Theorien über sich ergehen lassen mussten, ohne die Möglichkeit zu haben, etwas dagegen zu tun. „Vergessen Sie die alte und die mittlere Generation", meinte mir gegenüber ein kluger Vertreter der Bibelexegese, „denken Sie an die kommende und trösten Sie die Älteren, die sich nicht haben verwirren lassen." Das will ich hiermit ein wenig versuchen.

Wurzel der geistigen Verwirrung

Diese Veröffentlichung versteht sich nicht als Verteidigung des Christentums, sondern als Verteidigung der klaren menschlichen Vernunft, einer unbeschwerten Forschung. Es steht jedem Menschen frei, das Christentum abzulehnen. Man kann niemandem verwehren, die Vorteile des offiziellen Christentums in Anspruch zu nehmen (etwa als hochbezahlter Professor der Theologie an der Universität), um das Christentum als Weltbild auszuhöhlen. Aber jeder verantwortlich denkende Mensch muss sich, wenn er eine Autorität – oder ein Weltbild – demontiert, die Frage stellen, was er den Menschen an ihrer Stelle anzubieten hat. Versäumt er das oder glaubt sich von dieser Verpflichtung entbunden, so trägt er die Verantwortung für die geistige Leere, die dann folgen kann, weil der Mensch – und das bestätigt die historische Erfahrung – ohne Leitbilder nicht leben kann.

Hauptverantwortlicher für die geistige Verwirrung gegen Ende des 20. Jahrhunderts war Rudolf Bultmann, 1884 in Oldenburg geboren, gestorben 1976 in Marburg. Was penetrant im Nachkriegsdeutschland – bis heute – verdrängt wird, ist die Tatsache, dass dieser Mann Adolf Hitler und seinem Chefideologen Alfred Rosenberg eine unschätzbare Schützenhilfe geleistet hat. Als diese sich auf dem Höhepunkt ihrer Macht befanden, hielt der Marburger Professor im Jahre 1941 (im Jahr des größenwahnsinnigen Überfalls auf Russland) sein berühmtes Referat »Neues Testament und Mythologie. Das Problem der Entmythologisierung der neutestamentlichen Verkündigung«. Seine Hauptthese – es war nichts anderes als eine ganz persönliche Meinung – lief darauf hinaus, dass er das Weltbild der Evangelien für mythisch hielt, für das moderne Denken – und als solches galt zu seiner Zeit der Nationalsozialismus – nicht annehmbar. Er wollte zeitbedingte Vorstellungen mit dem damaligen (heutigen) Verständnis von Welt und Ewigkeit in Einklang bringen. Aber es war vor allem Jesus, der Jude, der ihn irritierte.

Das ist es, was viele noch heute nicht auszusprechen wagen. „Christus nach dem Fleisch geht uns nichts an, wie es im Herzen Jesu ausgesehen hat, weiß ich nicht und will ich nicht wissen", so Rudolf Bultmann, als die Vision vom germanischen Übermenschen in Deutschland immer brutalere Formen annahm und Adolf Hitler mit seinen Armeen sein Tausendjähriges Reich bis zum Ural ausdehnen wollte. Hitler hatte bereits Anfang der dreißiger Jahre in internen Zirkeln das Alte wie das Neue Testament als „jüdisches Geschwätz" abgetan. Bultmann und die Männer, die die „Formgeschichte" erfanden, lieferten ihm hierfür das pseudowissenschaftliche Rüstzeug.

Die Bibelkritik von Adolf von Harnack und von Rudolf Bultmann haben ihre tiefsten Wurzeln im Antisemitismus, der unterschwellig in jener Zeit auch die Atmosphäre in der evangelischen und zu großen Teilen auch in der katholischen Kirche beherrschte. Es war heroischer Mut, dass Johannes Paul II., ein Pole, in dessen Heimat der Antisemitismus ebenfalls eine starke Tradition hatte, zum Ausklang des zweiten Jahrtausends dieses Tabu gebrochen hat.

Erst nach dem Tode von Konrad Lorenz, dem weltbekannt gewordenen Verhaltensforscher aus Wien, haben Buchautoren wie Benedikt Föger und Klaus Taschwer gewagt, ihn als Mann zu entlarven, der Hitler und seine Rassentheorien begeistert begrüßt hatte. Im „strengsten Vertrauen“ schrieb er an einen väterlichen Freund, die „Humanpsychologie sei merklich von dem Gedankengut der jüdisch daherredenden und worteschwelgenden Judengrößen durchsetzt“. Das hat die Verantwortlichen in Stockholm nicht davor zurückgehalten, ihm den Nobelpreis zu verleihen.

Hitler lehnte das Alte wie das Neue Testament aus rassistisch motivierten Gründen ab. Die radikale Entlarvung von Bultmann steht noch aus. Seinem Gedankengut kann man heute in den Medien, bei Rundfunk- und Fernsehmoderatoren, in theologischen Hochschulen, in Priesterseminaren, bei Religionslehrern und immer häufiger in Gottesdiensten begegnen. Eckpunkt dieses Trends ist u.a. die unbewiesene Behauptung, dass Apostel (Jünger Jesu) und Urchristen an einer Niederschrift der Ereignisse um Jesus nicht interessiert waren, weil sie an seine baldige Wiederkunft glaubten. Erst als diese Hoffnungen sich nicht erfüllten, habe man langsam Material über Jesus gesammelt. Diese Theorie widerspricht jeder literarischen und psychologischen Erfahrung. Das Gegenteil hat sich als wahr herausgestellt. Die Apostel legten von Anfang an größten Wert darauf, „Taten und Worte“ Jesu authentisch zu bezeugen, worauf wir später zu sprechen kommen werden.

Bultmann dagegen zerstückelte, wobei die einzelnen Teile auch noch frisiert werden mussten, um seine Theorien zu bestätigen. Was zu jüdisch erschien, wurde weggenommen. Sein Standpunkt lief darauf hinaus, dass die Juden die falsche Religion hatten – und haben –, dass Jesus die richtige bringen wollte. Das war der Rahmen, nach dem er vorging. Stück für Stück wurde alles dieser Vorstellung angepasst. So wollte er ein Jesusbild herausschälen, den Begründer einer universalen, einer großen spirituellen Religion. Aus allen Poren quillt hier der tief sitzende Antisemitismus hervor, von dem in jenen Jahren in Deutschland kaum jemand frei war. Die Schlussfolgerung lag nahe: nur germanisch-europäisches, arisches Denken konnte im Sinne von Alfred Rosenberg eine solche Gestalt hervorbringen. In der minderwertigen Rasse der Juden sei das nicht möglich gewesen. An der eigentlichen Geschichte, also an der Geschichte Jesu war Bultmann nicht interessiert.

Hitler und seinen nationalsozialistischen Vordenkern war authentisches Geschichtsbewusstsein auch wesensfremd. Für sie war Geschichte nur Instrument. Sie versuchten sie zu vereinnahmen, um sie ihrer Ideologie anzupassen. Marxisten taten das gleiche. Die Bibelkritik in der ersten Hälfte des Jahrhunderts war in Teilen treue Vollstreckerin der politischen Ideologien mit ihrer rassistischen Blickverengung. Und sie ist es in der zweiten Hälfte des Jahrhunderts geblieben.

Typisch für das Judentum und Christentum ist dagegen ein tief ausgeprägtes Geschichtsbewusstsein. Zum Christentum gehört der Mut, Geschichte immer wieder aufzuarbeiten, in ihr immer wieder den Spuren der Wirklichkeit, der Wahrheit nachzugehen. Geschichte ist Echo aus der Transzendenz (jenseits unserer Wirklichkeit), die den Menschen begleitet, ob er es will oder nicht. Sie lässt sich nicht abschütteln. In dem von mir herausgegebenen Informationsdienst habe ich seit 1998 versucht, die Öffentlichkeit darauf aufmerksam zu machen.

Bultmann hat Anhänger nicht nur in Deutschland, sondern vor allem in Amerika gefunden. In den letzten 20 Jahren machte dort Burton Mack von sich reden. Noch 1993 antwortete er in einem Interview im »National Catholic Register« auf die Frage: „Sie sind am historischen Jesus nicht interessiert?“ – „Das stimmt. Wichtig für mich ist das frühe Christentum.“ Mit anderen Worten, jene angeblichen Gemeinden waren für ihn wichtig, in denen die Evangelien zusammengebastelt wurden. Schon Albert Schweitzer hatte gesagt: „Die historische Schale muss übergangen werden, um an die wahre Botschaft zu kommen.“ Schlimmer kann sich Arbeit, die als Wissenschaft verstanden sein will, nicht diskreditieren. Unbekümmert wurden Theorien und Spekulationen reinsten Wassers in die Welt gesetzt, mit schwerwiegenden Folgen.

Die Unkenntnis der Gestalt Jesu und seiner Botschaft unter der jüngsten Generation unserer Gesellschaft ist unverkennbar. Aber mangelndes Geschichtsbewusstsein rächt sich immer. Wenn die Geschichte uns nämlich eines zu bieten hat, dann sind dies Hinweise, wie man tragischen Fehleinschätzungen und verhängnisvoller Selbstüberschätzung aus dem Wege gehen kann.

Adolf von Harnack und Rudolf Bultmann mögen in Teilbereichen Großes geleistet haben, vor allem was die antike Literatur angeht, als Ganzes gesehen waren ihre nie bewiesenen Theorien destruktiv und sind es bis zum heutigen Tag. Wenn sie von manchen Kommentatoren als „Klassiker der Theologie“ bezeichnet werden, so liegen diese Stimmen nicht falsch, denn längst ist Theologie und vor allem die Bibelkritik für viele Menschen nicht mehr mit ernsthafter unvoreingenommener Forschung gleichzusetzen. Als Menschen mögen sie durchaus aller Achtung wert gewesen sein, als Forscher fehlte es ihnen an Treue zur Wahrhaftigkeit.

Man hört kaum von Zweifeln, dass die Schriften des griechischen Philosophen Aristoteles (384-322 v. Chr), des größten Systematikers der Kulturgeschichte, nicht authentisch seien, obwohl sie für viele Denker noch heute den Ausgangspunkt ihrer Arbeit bilden und obwohl er vierhundert Jahre vor Jesus von Nazareth gelebt hat. Gerade Aristoteles legte größten Wert auf die ganzheitliche Betrachtung von Welt und Natur (heute Holismus genannt). Immer wieder griffen spätere Generationen, z.B. in der Renaissance, auf ihn zurück.

Niemand stellt die Echtheit der Bücher von Julius Cäsar (100-44 v. Chr) in Frage, obwohl sie noch an vielen Gymnasien als Lesestoff im Lateinunterricht dienen und obwohl sie gut ein Jahrhundert vor den Evangelien entstanden sind. Das perverse Puzzlespiel mit den Evangelien muss also andere Gründe gehabt haben. Wenn es nicht der Spieltrieb war, dann müssen es ideologische gewesen sein: Ablehnung der Person Jesu und seiner Botschaft an die Menschen aller Generationen. Offen oder unterschwellig zeigt sich die Abneigung gegen die sogenannte Sukzession, d.h. gegen das Nachfolgeprinzip, auf die in der katholischen Kirche und in der Orthodoxie großer Wert gelegt wird. Abneigung kann den Forschungsinstinkt schwer belasten.

Auf dem Gewissen dieser Männer wie Harnack und Bultmann lastet das Schicksal einer „verlassenen Generation“: der alles beherrschende Konsum, die Droge, die Auflösung der Familie, die Singlegesellschaft. Popstars oder Revolutionäre wie Mao-tse tung, Ho Chi Minh, Che Guevara haben sich nicht als brauchbare, vor allem nicht als dauerhafte Alternativen herausgestellt. Die Hauptverantwortlichen deckt längst der grüne Rasen, aber alle, die in ihrem Geist erzogen wurden und heute in ihrem Geist lehren, sollten sich ihrer Verantwortung stellen.

Forschungs- oder Krankheitsgeschichte?

In den letzten 30 Jahren des 20. Jahrhunderts war ich als Journalist hauptberuflich vor allem mit Politik und mit der gesellschaftlichen Entwicklung befasst. Das ganze Ausmaß der Veränderungen der Menschen, vor allem der noch religiös orientierten, im Verhältnis zur Schrift, also zum Eckstein ihrer Weltanschauung – und letzten Endes der gesamten europäischen Kultur – hatte ich nicht wahrgenommen, weil ich alles durch die Brille der Politik und der Soziologie beobachtete. Allerdings hätte mich die Reaktion der Buchverlage auf mein Manuskript über Thomas, es war eine Arbeit auch über Jesus, nachdenklich stimmen müssen.

Erst eine genaue Durchsicht der Entwicklung der Bibelkritik in den letzten Jahrzehnten, ja in den letzten zweihundert Jahren, machte mich sehr betroffen. Vor allem die Methode, der sich die Gelehrten bedient hatten, weckte kein Vertrauen. Je mehr ich mich von einem berühmten Namen zum anderen vortastete, umso mehr festigte sich der Eindruck, dass man es nicht mit einer Geschichte der neuzeitlichen Bibelkritik zu tun hatte, sondern mit einer Geschichte von Spekulationen, ja mit einer Geschichte der Pathologie dieses Forschungsbereiches.

Würde der Redakteur einer angesehenen Zeitung so vorgehen, er könnte sich nicht lange auf seinem Sessel halten, geschweige denn ein Lokalredakteur, dessen Berichte über Vorfälle und Personen hautnah von vielen Lesern geprüft werden können. Sorgfalt der Recherche und Sachbezogenheit sind bei dieser Arbeit oberstes Gebot, genau das, was ich bei den verschiedenen Namen, die sich als „Giganten“ ihres Faches feiern ließen, vermisst habe.

Verzerrte Sicht aus Hamburg

Ein kurzer Überblick soll es dem Leser vor Augen führen: Das ganze Elend der verzerrten Sicht begann im 18. Jahrhundert mit dem Hamburger Professor für orientalische Sprachen Hermann Samuel Reimarus (1694-1768). Er stand ganz unter dem Eindruck der Aufklärung, die nichts gelten ließ, was der menschliche Verstand nicht erfassen kann. Es gibt nur eine Wirklichkeit, nämlich die, die wir mit unseren Sinnen wahrnehmen können beziehungsweise mit Verlängerungen unserer Sinne wie Fernrohr oder Mikroskop u.ä. Eine Wirklichkeit außerhalb dieser Gesetze unserer Welt wurde heftig abgelehnt, ja verspottet.

Die Aufklärung war eine Speerspitze für die Vernunft, darin lag ihr Verdienst, ihre Verirrung liegt im Anspruch auf Ausschließlichkeit. Man wollte religiöse Dogmen nicht mehr gelten lassen und schuf bereits ein neues: die Vernunft. Es war eine Ideologie. Andere sollten ihr folgen: das „Herrenvolk“, die „Arbeiterklasse“, der „Klassenkampf“, der „Wohlstandsstaat“, die „Spaßgesellschaft“. Das 20. Jahrhundert mit seinen Gaskammern und Atombomben hat gezeigt, wie brüchig dieser Lehrsatz ist. Es ist zu befürchten, dass uns das 21. Jahrhundert hierfür weitere böse Beweise liefern wird. Wer sich auf die menschliche

Vernunft allein verlässt, schaut am Ende in einen tiefen Abgrund an Unmenschlichkeit.

Auf 4 000 Seiten schrieb der Hamburger über das Leben Jesu und seiner Jünger. Er wagte es allerdings nicht, sie als Buch herauszubringen. Auszüge brachte erst der Bibliothekar G. E. Lessing aus Wolfenbüttel. Jesus sei demnach vor allem ein fanatischer politischer Agitator gewesen, der das Volk gegen die römischen Besatzer sammeln wollte und mit diesem Vorhaben scheiterte. Am Ende sei er selber an Gott verzweifelt. Nach seiner Kreuzigung hätten die Jünger seinen Leichnam gestohlen, versteckt und behauptet, er sei auferstanden. Dann hätten sie seine Ziele umfunktioniert und ihnen einen religiösen Charakter gegeben.

Reimarus wird sogar ordinär. Die Jünger seien machthungrige Betrüger gewesen, die aus dem Scheitern Jesu persönlich Vorteile ziehen wollten. Reimarus wandte die totale Verneinung an, aber Verneinung kann keine Forschungsmethode sein. Mit seinen Behauptungen (Thesen) zielte er in das Herz des Christentums. Das kann man niemandem verwehren, aber seine Methode war der Wissenschaft unwürdig. Sie wurde übrigens später von Historikern und sogar Naturwissenschaftlern im Dritten Reich und in kommunistischen Staaten kopiert, etwa zur Stützung der Rassentheorie oder der Sowjetideologie.

Aus England kam damals der sogenannte Deismus, eine Meinung, die zwar noch einen Schöpfergott gelten ließ, diesem jedoch unterstellte, er würde in das Räderwerk der von ihm geschaffenen Welt nicht eingreifen. Das bestärkte Männer wie Reimarus bei ihrer Ablehnung der in den Evangelien berichteten Ereignisse.

Der Hamburger Sprachwissenschaftler machte als erster die Unterscheidung zwischen einem historischen Jesus und einem „Christus der Bibel". Er setzte es als Behauptung in die Welt, ohne die Beweise zu liefern, und lag damit auf der Linie einer antireligiösen Voreingenommenheit, die sich unter den Intellektuellen seiner Zeit breit machte. Albert Schweitzer bezeichnete den Gedankenschritt von Reimarus als „grandiose historische Leistung". Als ich das las, wurde ich an dem bis dahin verehrten späteren Urwalddoktor irre. Wer aus der Luft gegriffene Behauptungen als überragende wissenschaftliche Tat bewertet, stellt sein eigenes Urteilsvermögen in dieser Disziplin in Frage. Mit dieser wissenschaftlich nicht zu belegenden Vorentscheidung ging man an die Dinge heran, Forschung lässt es sich aus heutiger Sicht nicht nennen.

Im 19. Jahrhundert verlagerte sich der Schwerpunkt der ideologisch gesteuerten Verneinung gegenüber den Evangelien von Norddeutschland (Hamburg, Wolfenbüttel) nach Tübingen in Süddeutschland. Die sogenannte Tübinger Schule sollte von sich reden machen. Der führende Kopf war F. C. Baur (1792-1860). Diese Männer waren fasziniert von dem Philosophen G. W. F. Hegel (1770-1831), für den der Fortgang der Weltgeschichte sich in Dreierschritten vollzieht. Er nannte es These, Antithese und Synthese. Ganz vereinfacht lässt es sich so wiedergeben: Tatsache, Gegensatz, Zusammenfassung. Eine verstiegene Idee, die den Marxismus und den von diesem erfundenen „Klassenkampf“ stark beeinflusst hat.

Der „Theologe“ Baur wandte die Spekulation auf die Entstehung der Evangelien an. Er konstruierte auf dieser Basis einen Konflikt, einen Gegensatz zwischen Petrus und Paulus. Die Evangelien seien das Produkt eines Parteienstreites. Nach dem Gesetz des Dreierschrittes lief das so ab: Juden und Griechen bildeten den Gegensatz, die Zusammenfassung waren die Christen (Synthese). Baur kam auf die absurde Idee zu behaupten, das Evangelium nach Johannes sei erst im Jahre 170 n. Chr. entstanden, also sage und schreibe ca. 140 Jahre nach der Kreuzigung Jesu. Diese Meinung hielt sich bis in die Anfänge des 20. Jahrhunderts.

Erst ein Papyrusfund in der Sandwüste Ägyptens machte dem Professorenspuk ein Ende. Es ist der berühmte „Papyrus 52“, ein kleines Fragment aus dem Johannesevangelium, dessen Entstehung man nach genaueren Untersuchungen auf das Jahr 120 datieren musste. Das Original dürfte demnach, so schlussfolgerte man, spätestens um das Jahr 90 n. Chr entstanden sein. Man musste also praktisch um 80 Jahre zurückgehen. Die Tatsachen hatten über das Wunschdenken gesiegt.

Im letzten Drittel des 20. Jahrhunderts war auch das nicht mehr zu halten. Der englische Historiker E. P. Sanders legte sich in seinem Jesusbuch auf das Jahr um 80 n. Chr. fest. Wir werden im späteren Teil des Buches auch dahinter ein Fragezeichen setzen.

Ideologien sind zählebig. Im Jahre 1994 wurde in den USA, aufgeschreckt durch ernsthafte Anzeichen eines

Umdenkens, ein Fachblatt ins Leben gerufen unter dem sinnigen Titel »Journal of Higher Criticism« (»Zeitschrift für höhere Kritik«), das an die Kritik von F. C. Baur aus dem 19. Jahrhundert anknüpfen möchte. Einige Aufsätze, die wir gelesen haben, werden diesem Anspruch gerecht. Man fühlt sich in die finsterste Nacht des ideologiegeschwängerten 19. Jahrhunderts zurückversetzt. Auf Schreibtischtheologen übt diese Art des Vorgehens, wie jede Ideologie, eine merkwürdige Anziehungskraft aus. In Deutschland hat sich mehrere Jahrzehnte davor Rudolph Bultmann davon beeindrucken lassen.

Ideologie, Abkehr von kritischem Denken

Philosophien haben Ideologien meist Vorschub geleistet. Deshalb sollte an dieser Stelle klargestellt werden, was eine Ideologie eigentlich ist. Zunächst verstand man darunter eher die Wissenschaft von der Entstehung von Ideen. Heute werden als Ideologie Denksysteme bezeichnet, geistige Grundhaltungen, die von gesellschaftlichen Gruppen oder von Bewegungen hervorgebracht werden, um politische Ziele durchzusetzen. Sie steht meist in krassem Gegensatz zur Wirklichkeit, sie ignoriert die Wahrheit und schafft sich eigene „Wahrheiten". Das war beim Nationalsozialismus und beim Kommunismus der Fall. Durch ihre politischen Folgen verursacht eine Ideologie meist verheerende Zerstörungen im sozialen, kulturellen und wirtschaftlichen Leben eines Staates, weil sie die Wirklichkeit der Natur oder des Menschen verkennt.

Ideologisierung bedeutet Abkehr von der kritischen Sachbezogenheit, sie polarisiert und führt zu Feindbildern, z.B. zu Rassismus. Genau das ist der Bibelwissenschaft in Deutschland im 19. und 20. Jahrhundert widerfahren: Was bis heute unterschlagen oder verdrängt wird, ist der enorme Einfluss des Antisemitismus, der im 19. Jahrhundert unterschwellig und manchmal sogar ganz offen die Bibelkritik geprägt und manipuliert hat. Wir werden im hinteren Teil noch darauf eingehen. Mit dem Beginn der Industrialisierung machte sich der Glaube breit, alles sei vom Menschen beherrschbar, wenn nicht heute, dann morgen und wenn nicht morgen, dann übermorgen. Das förderte die Entstehung von Ideologien und geschieht bis heute.

Der unbefangene Beobachter und Sucher wird den Eindruck nicht los, dass im 19. und 20. Jahrhundert jeder neue Autor den vorausgegangenen überbieten wollte, was Phantasien und ungezügelter Spekulation Tür und Tor geöffnet hat. Dabei wurden die Gedankenspiele der Vorgänger nicht kritisch hinterfragt, sondern bedenkenlos übernommen. Die Geschichte der Bibelkritik liefert ein anschauliches Bild, wie ein festgefahrenes irriges Weltbild – sind die Weichen erst einmal gestellt – sich weiterentwickelt. „Forscher" werden zu willigen Werkzeugen ihres philosophischen Umfeldes. Ein Beispiel auch, wie viel geistige Energie, menschliche Kreativität ins Leere laufen kann. Es geht nicht um Wahrheitssuche, sondern darum, dem übernommenen weltfremden Mosaik einen neuen Stein hinzuzufügen.

Nach F. C. Baur kam William Wrede (1859-1906), die weniger Wichtigen können bedenkenlos ausgelassen werden. Er versuchte wieder etwas geschichtlicher zu denken und hielt vor allem den Evangelisten Markus für eine gute Ausgangsbasis seiner Überlegungen. Am Ende sprach auch er Jesus jedes „messianische“ Bewusstsein ab. Jesus habe eine Religion der Verinnerlichung, sozusagen für den persönlichen Gebrauch, gründen wollen, ohne dabei an eine dauerhafte Gemeinde zu denken, geschweige denn an eine „übernatürliche“ Gemeinschaft.

In Frankreich erregte E. Renan (1823-92) mit seinem Buch »Das Leben Jesu« große Aufmerksamkeit. Er folgte geistig den Fußstapfen der deutschen Professoren. Sein Buch wurde zum Welterfolg, weil er weniger trocken schrieb, packender, mit großem literarischem Geschick. Für ihn war Jesus kein Weiser, kein Philosoph, eher ein „Charmeur“. Man wisse von ihm nur, dass er existiert habe, nicht irgendeine, sondern die eigentliche Religion der Menschheit begründet habe, so wie Sokrates im antiken Athen die Philosophie. Es sei eine Religion ohne Priester, ohne religiöse Praktiken, gestützt auf das Gefühl, auf das Herz, in direkter Verbindung mit Gott, nur im eigenen Gewissen verankert.

Darüber hinaus hielt Renan die Evangelien in Teilen auch für Legenden, vor allem wegen der geschilderten Wunder und übernatürlichen Phänomene. Renan machte aus Jesus den liebenswertesten aller Menschen. Mehr nicht. Beweisen konnte er ebenso wenig wie seine spekulierenden Kollege in Deutschland, Reimarus in Hamburg oder Baur in Tübingen.

So ähnlich verfuhr Albert Schweitzer (1875-1965) an der Wende vom 19. zum 20. Jahrhundert. Schweitzer schockte mit der Behauptung, Jesus sei an der Eschatologie gescheitert, das heißt, er habe an das bevorstehende Ende der Welt geglaubt und sich darin geirrt. Die Verkündigung Jesu, wie sie sich in den Evangelien widerspiegele, sei eine dringende Warnung und Aufforderung, sich auf das allgemeine, universale bevorstehende Gericht vorzubereiten. Im Grunde wisse man jedoch von ihm nicht viel. Er bleibe für uns der große Unbekannte.

Was beim Studium dieser Forscherbiographien auffällt, ist, dass die Autoren noch relativ jung waren, meist um die 40 Jahre alt, also in einem Alter, in dem auch Politiker oft meinen, sie müssten die Geschichte mit dem Punkt Null neu beginnen. Was davor war, gilt nicht mehr. Persönlich habe ich es bei der Studentenrevolution von 1968 erlebt. Krasse Beispiele im politischen Bereich bieten Napoleon Bonaparte und Adolf Hitler, in der zweiten Hälfte des 20. Jahrhunderts Pol Pot in Kambodscha, der die Geschichte bis in die Steinzeit zurückdrehen wollte. Am Ende haben seine eigenen Kampfgefährten über ihn zu Gericht gesessen.

Im 20. Jahrhundert folgte man mehr oder weniger dem Beispiel Schweitzers. Hier sind vor allem drei Namen zu nennen: Adolf von Harnack (1851-1930), Martin Dibelius und Rudolph Bultmann, dessen Gedankengut sich bis heute hält und der zahlreiche Verehrer und Nachfolger unter der jüngeren Generation gefunden hat. Zum Auftakt des Jahres 2003 bekam man es serviert. Am 5. Januar 2003 saß ich mit meiner Familie am Frühstückstisch. Jemand hatte den Sender Radio Klassik eingeschaltet. Plötzlich horchte eine meiner Töchter und ich auf. Um 8.05 Uhr plauderte der Moderator bei seinem Kurzkommentar zu einer Bachkantate über Jesus. Er meinte u.a.: Bei der Betrachtung der Gestalt Jesu sei Geschichte nicht wichtig. Wichtiger sei es, nach den Empfehlungen Jesu zu leben. Das war Rudolph Bultmann in Reinkultur. Was zählt, sind Ideen, nicht Fakten – ganz im Sinne der idealistischen Philosophie nach Hegel. Dieser wurde zum Leitstern für den Marxismus und später für den Nationalsozialismus, die Europa in ein Ruinenfeld verwandelt haben und danach (siehe Sowjetunion) in eine ökologische Wüste.

Ein Musterbeispiel hierfür liefert Harnack, aus dem Baltikum stammend, später in Heidelberg tätig. Er machte sich als Kenner altchristlicher Literaturgeschichte einen Namen. Damit hat er sich bleibende Verdienste erworben. Ein vielseitiger Geist, der auch in der Politik und im Kulturwesen mitredete. Seine Haltung war geprägt von tiefer Abneigung gegen die Institution der katholischen Kirche, vor allem ihrer Hierarchie. Aus diesem Grunde erfolgte der Versuch, die Entstehung der Evangelien auf das Ende des 1. Jahrhunderts festzulegen, die Apostelgeschichte des Lukas, auf die sich u.a. die Struktur der katholischen Kirche stützt, in das zweite Jahrhundert, wovon er jedoch später abrücken musste. Er war nicht bereit, die Evangelien „engstirnigen" Juden zuzuschreiben. Die wirklich universale Botschaft sei von Paulus gekommen, der – wie man meinte im Gegensatz zu den anderen, griechische Bildung genossen hatte. Der Grundirrtum Harnacks und seiner Kollegen, Nachahmer und Bewunderer lag darin, über die Entstehung der Evangelien und der Briefe der Apostel theoretische Vorstellungen entwickelt zu haben, denen sie die offensichtlichen Fakten anpassten.

An Schweitzer anknüpfend verwies er auf die zahlreichen Missionsreisen des Paulus in alle Richtungen, die seiner Meinung nach auf die Naherwartung (Eschatologie) zurückzuführen seien. Harnacks Vorbehalte erklären sich aus seiner Geisteshaltung, und daraus wäre ihm kein Vorwurf zu machen. Männer der katholischen Kirche haben sich in bestimmten historischen Phasen manchmal nicht gerade durch große Beweglichkeit gegenüber bahnbrechenden Neuerungen ausgezeichnet. Eine Antihaltung ist dennoch keine Garantie für zuverlässige Forschungsarbeit.

Antisemitismus – Wurzel der Verneinung

Hinzu kam sein fundamentaler Antisemitismus, der in seinem berühmten Referat »Vom Wesen des Christentums« durchschimmert. Harnack war ein Kind seiner Zeit, in der der Antisemitismus in Deutschland, aber auch in Frankreich, zum Teil in Großbritannien wahre „intellektuelle“ Orgien gefeiert hat. Dennoch kann dies nicht als Rechtfertigung für die Missachtung strenger wissenschaftlicher Maßstäbe gelten. Harnack sah in den Evangelien eine Schöpfung des griechischen Geistes. Den Semiten, sprich, den Juden, sprach man die Genialität ab, solche Ideen und Texte zu verfassen, obwohl die Bücher des Alten Testamentes allen eine Lehre hätten sein müssen. Was heute beunruhigt, ist die Tatsache, dass dieser Antisemitismus unerkannt über angeblich rein theologische, bibelkritische Themen weitergegeben wird.

Zum 70. Jahrestag der „Machtergreifung“ durch die Nationalsozialisten am 30. Januar 1933 hat Bundespräsident Johannes Rau den Umgang der Deutschen mit dieser Vergangenheit beklagt. Nach dem Zusammenbruch im Jahre 1945 habe es starke Tendenzen gegeben, die NS-Zeit zu verdrängen. Eine offene Auseinandersetzung mit diesen dunkelsten Seiten der deutschen Geschichte habe in Westdeutschland darunter gelitten, dass in vielen Bereichen nach 1945 sehr bald wieder dieselben Entscheidungsträger gesessen hätten wie zuvor. „Ein weiterer Grund für das Ignorieren, für die Diskriminierung von Widerstand und von Hilfe für Verfolgte lag wohl darin“, so Johannes Rau wörtlich, „dass Widerstand und Hilfe eine oft benutzte Rechtfertigung unbrauchbar machten: Wegen des Terrors der Nazis habe, von Helden abgesehen, niemand die Wahl gehabt: Alle hätten mitmachen müssen.“

Zu den Bereichen, in denen die offene oder stille Zusammenarbeit mit dem Naziregime und lange davor mit den rassistischen Theorien ausgegrenzt wurden, gehören Theologie und Bibelkritik. So wurde bereits im 19. Jahrhundert das Jüdische an Jesus vollkommen verdrängt.

In die Fußstapfen Harnacks trat Martin Dibelius, geb. 1891 in Frankfurt, gestorben 1956. Er begann das Evangelium zu zerpflücken. Er nannte das „Formgeschichte“. Für ihn und ihm Gleichgesinnte waren die Evangelisten keine Schriftsteller. Juden sprach man damals diese Begabung grundsätzlich ab, es sei denn, man konnte sie als „zersetzend“ abqualifizieren. Seiner Meinung nach waren die Evangelisten Sammler, bestenfalls Redakteure, die vorhandene Erinnerungsfetzen, sogenanntes Sammelgut, an Jesus sammelten und dann zusammenfügten. Die Männer dieser „Denkschule“ machten aus dem Evangelium ein Puzzlespiel, allerdings in umgekehrter Reihenfolge. Beim Puzzle kommt es darauf an, aus vielen kleinen Stücken ein Bild zusammenzusetzen.

Die Methode der Bibelkritiker war eine umgekehrte. Sie zerstückelten und zerpflückten ein ganzheitlich entworfenes Bild, nicht um es danach wieder zusammenzusetzen, sondern um das Bild als Einheit für immer zu zerstören und als Fiktion hinzustellen. Zerpflücken und Spekulieren wurde zum „wissenschaftlichen“ Antrieb ihrer Arbeit. Dabei blieben sie oft beim Detail hängen und entfachten um seine Herkunft „wissenschaftlichen“ Streit. Mehr und mehr sprachen sie sich für eine „anonyme“, „kollektive“ Entstehung der Evangelienberichte aus. Sie schreckten nicht davor zurück, von Sagen zu sprechen.

Dibelius ist ein Musterbeispiel dafür, wie man einer politischen Bewegung mit der eigenen, nicht durchdachten Ideologie in die Hand arbeiten kann, was typisch ist für das Bewusstsein vieler Menschen damals – und leider auch heute noch. Sein inneres zerrissenes Verhältnis zur Geschichte der Evangelien erklärt den schleichenden Zerfall und die Abwanderung von Millionen aus der Kirche und die Verabschiedung der Massen vom Christentum, die damals einsetzte.

Diese Schule schob einen Keil zwischen die Verfasser der Evangelien und die sogenannten christlichen Urgemeinden. Den Nachweis für ihre Theorien blieben diese Theologen schuldig. Mit allumfassenden Zweifeln ist keine Naturwissenschaft möglich. Die Geisteswissenschaft glaubte sich davon ausgenommen. Sie verstießen damit nicht nur gegen den Glauben, sondern gegen die historische Wahrheit.

Im katholischen Bereich war es in Frankreich der Theologe Alfred Loisy (1857-1940). Er begann seine Arbeit als Priester und wurde Professor am Institut Catholique in Paris. 1908 trat er aus der Kirche aus und wechselte 1909 zum College de France, wo er den Lehrstuhl für Religionsgeschichte bekam. Er spezialisierte sich auf die Umdeutung der Evangelien und wollte so den Katholizismus dem neuesten wissenschaftlichen Denken anpassen, ohne sich darüber im Klaren zu sein, wie weit dessen Erkenntnisse bereits als endgültig betrachtet werden konnten.

Heute wissen wir, dass das nie der Fall sein wird. Der englische Physiker Stephen Hawking, der sich zum Atheismus bekennt, äußerte in einem Presseinterview die Meinung, dass man in den grundlegenden Theorien die Konzepte so oft ändern musste, dass man jetzt nicht mehr danach frage, ob eine Theorie die Wirklichkeit wiedergibt, sondern nur, ob sich aus ihr ein gutes mathematisches Modell der Beobachtungen ableiten lasse.

Dieses Bekenntnis eines Naturwissenschaftlers müsste alle Bibelkritiker aufschrecken. Ein Überblick über das, was sie in den letzten 200 Jahren von sich gegeben haben, bestätigt den Physiker aus Cambridge. Nicht um die Wirklichkeit ging es, sondern um ihre Spekulationen und ob diese sich in das vorgefasste Denkmodell einfügen lassen. Sie stürzten sich auf Details, auf Vergleiche mit der griechischen und mit anderen Mythologien, sogar auf den

Buddhismus, um Bestätigungen für ihre Denkmodelle zu finden.

Theologen, die sich ihres christlichen Weltbildes nicht sicher sind, treten den Zeitströmungen wie ein wankelmütiges Schilfrohr entgegen, das sich im Winde hin und her bewegt. Sie wollen ihre innere Unsicherheit vertuschen. Sie suchen die Anpassung, manchmal die Anpassung um jeden Preis, ohne zu bedenken, dass ihre angeblichen fortschrittlichen Ideen sehr schnell Ideen von gestern sein könnten.

Das lässt sich auch von dem dominikanischen Theologen Edward Schillebeeckx sagen, der dem kardinalen Fehler verfiel, Theologie und Geschichte voneinander zu trennen. Beide Bereiche müsste man streng auseinanderhalten, was zu weitreichenden Folgen bei seiner Betrachtung über Jesus geführt hat. Wer sich von der Geschichte verabschiedet, muss notwendigerweise spekulieren. Schillebeeckx lehrte in Belgien und in den Niederlanden. Die Niederlande haben die größte Abwanderung aus dem Christentum in Europa erlebt. Der Islam hat die Aussicht, dort bald zur stärksten Religion des Landes zu werden.

Fast schon wie ein Nachzügler wirkt Eugen Drewermann aus Paderborn, der vor einer pamphletartigen Sprache nicht zurückschreckte, als er den Evangelisten Matthäus einen Lügner nannte. Auf einer Tagung kam ein Herr auf mich zu, der ihm nahezustehen schien und meinte, Drewermann würde immer mehr vereinsamen und ob man ihm nicht in irgendeiner Weise helfen könne. Helfen lässt sich einem solchen Mann schwer, wenn er nicht bereit ist, sich selbst zu helfen. Und das würde heißen, einen Teil seiner Spekulationen, mit denen er zum Liebling der Medien wurde und nicht wenig Geld verdient hat, mutig in Frage zu stellen, wie es der fast gelähmte Physiker Stephen Hawking getan hat. Meist ist es die über Jahre gepflegte Eitelkeit, die sich dabei als größtes Hindernis erweist.

Gegenwind

Wider Erwarten besuchte mich der schwerkranke junge Mann Markus, der Wochen vorher Rat bei mir gesucht hatte, ein zweites Mal. Er kam in Begleitung seiner Freundin. Ein frisch wirkendes Mädchen, rundliches Gesicht, schlicht, aber geschmackvoll gekleidet. Er hätte, so begann er, über meine Bemerkungen nachgedacht und mit seiner Freundin darüber diskutiert. Sie fragten nach einer knappen Veröffentlichung, in der sie ähnliche Gedanken wiederfinden könnten. Meine Frage, ob es auch eine in englischer Sprache sein könnte, bejahten sie. So gab ich ihnen das Buch von Frank Morison »Who Moved the Stone?« (»Wer hat den Stein entfernt«). Es sei wohl in ihrer Situation als Erstliteratur am ehesten zu empfehlen.

Zu meiner Überraschung kamen sie bald wieder. Sie hatten sich viele Notizen gemacht, um das Wesentliche festzuhalten. Markus, den ich vom ersten Mal eher als Skeptiker und Zyniker in Erinnerung hatte, zeigte sogar so etwas wie einen Anflug von Begeisterung. Der Autor hatte ihn beeindruckt, nun traute er sich weitere, kompliziertere Titel zu. Angetan hatte es ihm die klare Sprache, der Aufbau und vor allem die Logik, mit der der Engländer in der ersten Hälfte des 20. Jahrhunderts an die Arbeit gegangen war.

Die Wirkung auf beide ließ abermals die bittere Frage in mir aufkommen, warum dieser Titel, der in englischen Buchhandlungen immer noch angeboten wird, im Laufe der Jahrzehnte nie ins Deutsche übersetzt worden ist.

Deshalb erscheint es mir sinnvoll, dem Leser etwas mehr über ihn mitzuteilen. Frank Morison ist – wie schon erwähnt – ein Pseudonym. Bereits auf den ersten Seiten gibt er zu, dass es für junge Menschen, für Studenten schwer gewesen sei, die Behauptungen der „wissenschaftlichen" Größen zu überprüfen. Also ließ man sich von ihnen beeinflussen. Der „absurde Kult", der sogar die historische Existenz Jesu geleugnet habe, sei nicht ohne schwere Folgen geblieben. Noch tragischer sei es mit der „hohen Kritik" – wie sie sich selber nannte – gewesen, die erreicht habe, vielen Menschen zu suggerieren, die Berichte der Evangelisten seien unzuverlässig. So sei auch er an die Arbeit gegangen, um die Überlieferung von der Auferstehung Jesu als unglaubwürdig nachzuweisen. Jesus erschien ihm immerhin als noble Gestalt. Er wollte aufzeigen, welche Persönlichkeit nach der Entkleidung von den äußeren Berichten hinter Jesus gesteckt habe. Bei jungen Menschen verdränge der oberflächliche Schein leicht das, was dahinterstecke. Ihn habe sein naturwissenschaftliches Interesse gerettet.

Je mehr er sich mit der Materie befasste, umso sicherer wurde er, dass die Auferstehung als geschichtlicher Vorgang nicht zu leugnen sei. Morison hat als Jurist vor allem den Prozess Jesu unter die Lupe genommen und ist dabei zu erschütternden, ja sensationellen Ergebnissen gekommen. Seine Schlussfolgerung war, dass es in der Geschichte der menschlichen Rechtsprechung bei herausragenden Prozessen keinen so skandalösen Missbrauch der Justiz gegeben hat wie bei dem Verfahren gegen Jesus. Stunde für Stunde nahm Morison unter die Lupe, Satz für Satz,

Wort für Wort. Er erweist sich bei seiner Arbeit als logischer als die Professoren der bibelkritischen Schule.

In mühsamer Kleinarbeit durchleuchtet er in seinem Buch den Ablauf der letzten Woche. Es wirkt wie ein psychologisches Wunder, dass er sich von dem Vorurteil, mit dem er an die Arbeit gegangen war, freimachen konnte. Eigentlich hätte man das Gegenteil erwartet. Die Erkenntnis, zu der er schließlich kam, läuft darauf hinaus, dass keineswegs das ganze jüdische Volk für den Tod Jesu verantwortlich gemacht werden kann, sondern ausschließlich die herrschende Kaste, vor allem die Priesterkaste, und der Vertreter des Römischen Imperiums, der Statthalter für Judäa, Pontius Pilatus.

Nach damaligen Vorstellungen über den erwarteten Messias sollte, wenn dieser komme, auf ihn alle religiöse, juristische und politische Gewalt übergehen. Er würde in allem das letzte, entscheidende Wort sprechen. Der Hohepriester Kajaphas war sich bewusst, welche persönlichen und politischen Konsequenzen das für ihn haben müsste. Ähnliches galt für den Großen Sanhedrin, der 71 Mitglieder zählte, das höchste „parlamentarische" Gremium im Judentum, das denn auch Jesus zum Tode verurteilt hat. Mit großer Mühe hatten sie den Römern über Jahrzehnte hindurch bestimmte Privilegien abgetrotzt. Sie lehnten wegen der persönlichen Konsequenzen, wie sie meinten, jeden Messias – ob echt oder unecht – ab. Deshalb kam für sie im Falle Jesu nur eines in Frage: Er musste ausgelöscht werden.

Im jüdischen Rechtswesen hatte das Gericht den Angeklagten bis zuletzt zu verteidigen. Gegen dieses Grundgesetz versündigte sich der jüdische Gerichtshof. Er verteidigte nicht den Angeklagten, er wurde selber zum Ankläger. Der Prozess wurde in wenigen Stunden durchgepeitscht, und das mitten in der Nacht. Man wollte vor Beginn des Paschafestes, als Einwohner und Pilger mit der Vorbereitung des Festmahles beschäftigt waren (man denke in Deutschland an den Heiligen Abend und das Weihnachtsfest), vollendete Tatsachen schaffen. Nach dem Fest, so glaubte man, würde sich alles beruhigen.

Als der Hohepriester an Jesus die schwerwiegende Frage stellte: „Bist du der Messias, der Sohn des Hochgelobten?" antwortete Jesus: „Ich bin es. Und ihr werdet den Menschensohn zur Rechten der Macht sitzen und mit den Wolken des Himmels kommen sehen" (Mk 14, 62). Zur Rechten der Macht sitzen heißt „zu Gericht sitzen". Mit anderen Worten: Von jetzt ab werde ich über euch zu Gericht sitzen! Der Wutausbruch des Kajaphas ist bekannt, er zerriss sein Gewand. Und dann heißt es: „Und sie fällten einstimmig das Urteil: Er ist schuldig und muss sterben!" Die herrschende Kaste wollte keinen Messias. Man erinnert sich daran, dass Jesus seinen Jüngern vorher streng untersagt hatte, ihn vorzeitig als Messias zu verkünden. Die Szene vor dem höchsten Gerichtshof ist die Erklärung, warum. Jesus wollte sich das Bekenntnis zu seiner messianischen Sendung und zu seiner engsten Bindung an den Vater im Himmel vor der höchsten religiösen Autorität, die es damals gab, vorbehalten.

Die Ankündigung Jesu hat sich schnell erfüllt. Bereits am Ostermorgen begann das Gericht über die Verantwortlichen, als sich die Kunde von der Auferstehung in der ganzen Stadt verbreitete.

Frappierende Parallelen

Die Parallele zu den Bibelkritikern des 20. Jahrhunderts macht betroffen. Je mehr ich mich mit ihren Meinungen und Schlussfolgerungen beschäftigte, umso mehr kam in mir der bedrückende Verdacht hoch: Auch sie wollten keinen Messias, vor dem sie ihre Knie hätten beugen müssen, dessen letztes Urteil, dessen Gebote sie hätten akzeptieren und befolgen müssen. Sie selber wollten letzte Urteile fällen und sich von der Geschichte feiern lassen. Deshalb verurteilten sie Jesus ein zweites Mal zum Tode, zum geistigen Tode. Er sollte zur Legende werden, zur Fiktion, zum Mythos, und damit für immer aus der Geschichte verbannt, ohne Einfluss auf die weitere Entwicklung der Menschheit. Ob das bewusst oder mehr unbewusst geschah, ist, was die Auswirkungen betrifft, eine zweitrangige Sache.

Das Verhältnis der Priesterkaste zu Jesus wird eine entscheidende Rolle bei der Erörterung des Johannesevangeliums in einem der späteren Kapitel spielen. Für jede kirchliche Hierarchie sollte das Schicksal dieser Klasse eine ständige Warnung sein. Wo geistliche Autorität zur Kaste wird – und sie wurde es im Laufe der Geschichte oft, bis in die neueste Zeit hinein, wird sie blind für Kernfragen des Daseins und der menschlichen Zukunft. Dann muss der, auf den sie sich bei ihrer Machtausübung oder bei der Verteidigung ihrer Privilegien beruft, über sie zu Gericht sitzen. So war es schon manches Mal in dieser

Welt. Johannes Paul II. hat das erkannt, als er im Jahre 2002 sagte, jeder, der versuche, in der Kirche Macht auszuüben, ob Kleriker oder Laie, schade dem Ansehen und dem Auftrag der Kirche.

Ein weiteres Rätsel im christlichen Verlagswesen der Nachkriegszeit wurde für mich das Verschweigen von Giuseppe Ricciotti und seines Werkes »Das Leben Jesu«. 1953/55 erschien in Wien zwar die Übersetzung seines Buches »Geschichte Israels« von Konstanz Faschian, aber nach einer Übersetzung des Spitzentitels über das Leben Jesu habe ich vergeblich gesucht. Das Buch erschien in Rom mitten im Krieg, im Jahre 1941, und der Verfasser verwies bereits in jener Zeit auf den Zusammenhang mit seiner anderen Veröffentlichung: »Wo man das Evangelium vergisst, fängt an Blut zu fließen«. Ricciotti zählt im Rückblick zu den größten Biblisten des 20. Jahrhunderts. Er tat das, was andere – N. T. Wright in Großbritannien und Carsten Peter Thiede in Deutschland – erst 50 Jahre später in Angriff nehmen konnten. Er untersuchte das Leben Jesu u.a. vor dem Hintergrund der damaligen Lebensgewohnheiten, der materiellen Kultur und der historischen Ereignisse, mit anderen Worten: vor dem Hintergrund der jüdischen Daseinsbedingungen.

In Polen brachte der PAX-Verlag eine Übersetzung noch im Jahre 2000 heraus und betonte, dass das Buch trotz der 60 Jahre, die vergangen seien, nichts an Aktualität eingebüßt habe.

Beide Beispiele zeigen, wie sehr die Öffentlichkeit in den christlichen Kirchen, vor allem in Deutschland, manipuliert wurde. Die Harnack-Dibelius-Bultmann-Schule ließ keine entgegengesetzte Meinung gelten. Dazu folgt später noch ein weiteres Beispiel.

Immer hat es Versuche gegeben, gegen die merkwürdigen Denkmuster deutscher Bibelkritiker anzugehen. Im Jahr, als F. C. Baur in Tübingen starb (1860), wurde in England J. B. Lightfoot Professor in Cambridge. Er brandmarkte den sogenannten „Dreierschritt“ des deutschen Kollegen als Vergewaltigung der freien Forschung in der Bibelkritik (künstlich aufgestülpt).

Der Paukenschlag

Aber das waren nur sanfte Gegenwinde. Der erste große Paukenschlag gegen die unrealen Theorien kam 1975 aus Cambridge, als John A. T. Robinson sein berühmtes Buch »Redating the New Testament« veröffentlichte, in Deutschland erschienen 1986 unter dem Titel »Wann entstand das Neue Testament«, stark gefördert vom damaligen Erzbischof von Paderborn, J. J. Degenhardt.

Auch Robinson begann seine Arbeit mehr als Scherz. Mit seinen Studenten wollte er herausbekommen, zu welchen Schlussfolgerungen man bei der Annahme einer frühen Entstehung der Evangelien kommen würde. Aus Scherz wurde Ernst. Ihn stimmte nachdenklich, dass man die Entstehung der Evangelienberichte erst nach dem Jahre 70 n. Chr. zulassen wollte, dem Jahr der Zerstörung Jerusalems durch die römischen Legionen, laut Evangelienberichten vorausgesagt von Jesus. Das konnte im Sinne der damaligen voreingenommenen Bibelkritik nicht sein. Auf die Bedeutung des Jahres 70 n.Chr. komme ich in einem nachfolgenden Kapitel zurück, allerdings in einem ganz anderen Sinne.

Robinson ließ sich einfach von einer inneren Logik der Texte leiten und kam zu überraschenden Ergebnissen. Nach eingehenden Studien stellte er fest, dass die Evangelien – und zwar alle, auch Johannes – in ihrem Erstentwurf schon sehr früh nach der Kreuzigung Jesu entstanden sein mussten, in den 30er Jahren n. Chr. In Deutschland wurde seine Arbeit sofort in die Ecke gestellt und von offiziellen Katecheten als „Paderborner Schule" denunziert, die eine abweichende Meinung von der allgemeinen „gesicherten" darstelle.

Eine bahnbrechende, man kann durchaus sagen geniale Arbeit hat zum Ausklang des Jahrhunderts der Theologe N. T. Wright vorgelegt, damals Dekan in Lichfield bei Birmingham. Mit den Titeln »The New Testament and the People of God« (»Das Neue Testament und das Volk Gottes«) und dem zweiten »Jesus and the Victory of God« (»Jesus und der Sieg Gottes«) hat er nicht nur einen dicken Schlussstrich unter die Verirrungen der Bibelkritik im 19. und 20. Jahrhundert gesetzt, sondern einen echten Neubeginn eingeleitet, der vollkommen neue Horizonte eröffnet. Wright legt größtes Gewicht auf den historischen Hintergrund. Er demonstriert ein enormes Wissen über den Judaismus aus der Zeit des zweiten Tempels (1. Jahrhundert vor und 1. Jahrhundert n. Chr.) und das frühe Christentum. Für ihn gehören strenge Geschichtsforschung und strenge Theologie zusammen.

Unzulässig sei es, Ideen und Vorstellungen von heute in die Zeit Jesu zu übertragen. Überhaupt sollten in der

Bibelkritik wieder historische und theologische Gesichtspunkte gelten und nicht philosophische – weg von den akademischen Diskussionen und raus aus dem Elfenbeinturm, in den sie sich in den letzten 200 Jahren zurückgezogen habe. Dadurch wären viele Schlussfolgerungen wirklichkeitsfremd gewesen, das Ganze zu theoriebeladen. Vieles gehöre heute auf den Schrotthaufen.

Jesus muss, nach Wright, in seinem jüdischen Umfeld gesehen werden, wenn man ihn verstehen will. Im 19. Jahrhundert wurde das Jüdische an Jesus, zeitbedingt, vollkommen vergessen oder verdrängt. Die heutige Forschung müsse sich verabschieden von der sogenannten „via negativa", der negativen Sicht, zurück zum geschichtlichen Realismus, zum Sinn für das Wirkliche, weg von den akademischen Diskussionen. Arthur Schopenhauer, der Philosoph, in der gleichen Stadt geboren wie ich, in Danzig, nannte Jesus, diese große, alles überragende Persönlichkeit, eine „sentimentale Gestalt". So schnell sind Philosophen mit ihren Urteilen, wenn es um Sachverhalte geht, die nicht in ihre Denkrahmen passen.

Bereits nach Abschluss des Buchmanuskriptes erreichte den Autor die Nachricht vom Erscheinen eines dritten beachtlichen Werkes (800 Seiten) von Wright unter dem Titel »The Resurrection of the Son of God« (»Die Auferstehung des Gottessohnes«). Kein moderner Historiker hat das Ereignis der Auferstehung überzeugender darstellen können – heißt es in der Kritik. Wie lässt sich heute dieses Phänomen erklären? lautet die Frage. Die Antwort hätten bereits die ersten Christen gegeben, als sie die leibliche Auferstehung Jesu verkündeten und Jesus als den messianischen Sohn Gottes verehrten – und für dieses Zeugnis in den Tod gingen.

Der amerikanische Kritiker Paul Baxter schreibt zu diesem Buch: „Als ich es gelesen hatte, sagte ich zu mir selbst: Er hat wirklich bewiesen, dass Jesus auferstanden ist.“ Vielleicht schon in einigen Jahrzehnten wird man zugeben müssen – heißt es in anderen Kommentaren –, dass N. T. Wright mit seinen Büchern den großen Wendepunkt in der Bibelkritik herbeigeführt hat.

Im Sommer 2003 hat die anglikanische Kirche Leistung und Mut von N. T. Wright auf besondere Weise gewürdigt. Am 3. Juli, am Feste des hl. (ungläubigen) Thomas, wurde der Bibelexeget in der Kathedrale von York zum Bischof von Durham, einer der traditionsreichsten Universitätsstädte Englands, konsekriert. Eine Ermutigung auch für sich selbst sah der Autor in der Tatsache, dass seiner jüngsten indischen Tochter Meena die Ehre zuteil wurde, zu den geladenen Gästen dieser bewegenden Feier zu gehören.

Was Wright bei der Bibelkritik beanstandet hat, kann ich als Journalist für den Bereich der Informationsgesellschaft bestätigen. Es ist ein grober Irrtum zu meinen, dass wir heute durch die elektronischen Medien und die sich ständig verbessernde Kommunikationstechnik objektiver informiert seien als die Menschen früherer Zeiten. Heute werden Vorurteile durch die Medien sogar noch zementiert. Der Grund liegt darin, dass Journalisten, Redakteure und Moderatoren die Vorgänge in anderen Kulturen nach den Denkmustern der eigenen Kultur oder gar Subkultur beurteilen. Dabei kommt in den meisten Fällen, wenn auch nicht gleich erkennbar, ein vollkommen verzerrtes Bild heraus. Die Fähigkeit, sich in andere Kulturen hineinzudenken, ist überaus unterentwickelt, und das sogar bei sehr prominenten Berichterstattern und Buchautoren.

Dass die Bücher von N. T. Wright nicht ins Deutsche übersetzt wurden, bedeutet eine enorme Verarmung für die Bibelkultur in Deutschland. Mir wurde gesagt, dass einer Übersetzung die Tatsache im Wege stehe, dass ohnehin in Deutschland alle Englisch können würden. Dies ist ein großer Irrtum, vor allem was katholische Theologen angeht.

Was man dem Exegeten N. T. Wright bescheinigen muss, ist außerdem eine besondere Fähigkeit, strenges wissenschaftliches Denken mit Gemüt zu verbinden. Man liest seine Bücher eher wie ein Epos – gelegentlich wie einen spannenden Kriminalroman. In manchen Kreisen der angelsächsischen Welt gelten seine Bücher inzwischen als Muss-Literatur.

Ein anderer Geist

Gleichzeitig in den USA und in Großbritannien erschien im Jahre 1992 von John Wenham ein weiterer großer Meilenstein auf dem Wege einer wissenschaftlichen Neuorientierung unter dem Titel »Redating Matthew, Mark and Luke« (»Matthäus, Markus und Lukas zurückdatieren«). Auch er fordert – wie N. T. Wright – von historischen Gegebenheiten auszugehen. Seiner Meinung nach wurden von zahlreichen Autoren Hunderttausende von Seiten verschwendet, weil sie nicht darauf geachtet haben, ob sie nicht etwa einer falschen Methode verfallen waren. Ein Problem werde unlösbar, wenn man es anhand der falschen Spur verfolge. Ausgangspunkt für Wenhams Überlegungen wurde das abrupte Ende der Apostelgeschichte im Jahre 62 n. Chr.

Seiner Meinung nach waren in einer sehr früh verbreiteten Urkirche geschriebene Erinnerungen notwendig. Schon am Pfingsttag habe die großangelegte Verkündigung begonnen. Die Jünger Jesu seien nicht spontan ausgeschwärmt, um zu missionieren, im Gegenteil. Sie hätten sich peinlich genau auf ihre Mission vorbereitet. Was in den letzten 200 Jahren verkannt wurde, sei die Tatsache, dass es sich im ersten Jahrhundert um eine sehr mobile Gesellschaft gehandelt habe, wovon noch heute das großzügig ausgebaute Straßennetz der Römer Zeugnis ablege. Israel habe sich als Volk der Bibel gesehen. Kein Wunder, dass die Christen, die sich ihrer Andersartigkeit bewusst gewesen seien, ihr eigenes Buch brauchten. Warum sollten nicht schon zur Zeit Jesu Notizen gemacht worden sein? Bevor sie in die Welt ausströmten, hätten sie ausreichend schriftliches Material in der Hand gehabt. Dieses Material sei sorgfältig und ohne Eile verfasst worden.

Wenham wirft den Professoren des 19. (und wohl auch des 20.) Jahrhunderts Naivität vor. Sie hätten die schwierigen Bedingungen verkannt, unter denen damals geschrieben wurde. Sie seien bei der Verfassung der Evangelien zu sehr von heutigen Vorstellungen ausgegangen. Man schrieb unter physisch unbequemen Umständen, meistens auf den Knien. Deshalb sei eine sorgfältige Gedächtnisvorbereitung notwendig gewesen. Einzelne Exemplare hätten deshalb einen großen Wert gehabt.

Je näher ein Bericht zeitlich an die Tatsachen heranreicht, umso sicherer ist es, dass die Wahrheit überliefert wurde. Deshalb sei die skeptische Kritik stets bemüht gewesen, die Entstehung möglichst weit von den Ereignissen wegzurücken. Umgekehrt sei eine vorurteilsfreie Forschung bemüht, die Verfassung der Originaltexte einem Datum anzunähern, das so nahe wie möglich am Zeitpunkt der geschilderten Ereignisse liegt.

Die Wahrheit des Christentums bestehe darin, dass Jesus, der sich Messias nannte, wirklich der Messias gewesen sei: der Sohn Gottes, geboren vor aller Zeit, Träger des ewigen Lebens in sich, das er jedem mitteilt.

Aus dem Buch von Wenham weht einem ein ganz anderer Geist entgegen als aus den Büchern von Schweitzer, Harnack, Bultmann und aus den Titeln ihrer Schüler.

Auch in Frankreich regte sich Widerstand gegen die geschichtsfeindliche, rein spekulative Deutung der Gestalt Jesu – vor allem in Deutschland. Dort war es der Historiker Henri Daniel-Rops aus Grenoble, der sich der Erforschung des Umfeldes widmete, in dem Jesus geboren wurde und lebte. 1961 veröffentlichte er sein Buch »La vie quotidienne en Palestine au temps de Jésus« (»Der Alltag in Palästina zur Zeit Jesu«), in deutsch erschienen 1962. Es war wie ein Vermächtnis. Daniel-Rops starb bereits 1965. Er versuchte, den Beweis zu erbringen, dass Jesus tief im Judentum verwurzelt war, eine Reaktion auf die Sicht der deutschen Hochschulen, die Jesus möglichst stark von seiner jüdischen Einbettung lösen wollten. Weltberühmt wurden seine großen Romane »Geschichte des Gottesvolkes« und »Jesus. Der Heiland in seiner Zeit«. Daniel-Rops schrieb vor allem als Literat, weniger als Wissenschaftler, was seine Bücher einem breiten Publikum erschloss. Ich selbst war als junger Mensch von seinen Büchern beeindruckt. Sie haben mich wahrscheinlich gegen die Einflüsse solcher Männer wie Rudolph Bultmann oder Eugen Drewermann, als ich auf deren Publikationen stieß, immunisiert. Das ist ein Zeichen dafür, wie wichtig leicht verständliche, gründliche Arbeiten sind, um selber einen soliden Standpunkt auszubauen.

... in Deutschland

Auch in Deutschland regte sich behutsamer Widerstand gegen die immer mehr um sich greifende geschichtsfeindliche Methode in der Bibelkritik. In den 50er Jahren trat ihr der evangelische Theologe Ethelbert Stauffer mit seinen beiden Büchern »Jerusalem und Rom im Zeitalter Jesu Christi« und »Jesus, Gestalt und Geschichte« entgegen. Er versuchte pragmatisch vorzugehen, nicht spekulativ, und gab dem Historischen den Vorrang. Die Wundertätigkeit Jesu war für ihn unanfechtbar. Er forderte neue Wege zum historischen Jesus und war gegen die radikal eschatologische Deutung, nach der Jesus an die bevorstehende Endzeit geglaubt habe und an ihr zerbrochen sei, wie Albert Schweitzer meinte. Allerdings hielt Stauffer Jesus nicht für ein Kind seiner Zeit und seines Volkes. Hier klingt der Antisemitismus der vorausgegangenen Jahrzehnte durch. Sobald ich gegenüber evangelischen Freunden Stauffer erwähnte, runzelten sie entweder die Stirn oder antworteten mit eisigem Schweigen. Sie waren, gerade die Theologen unter ihnen, allesamt entschiedene Anhänger Bultmanns.

1964 besuchte ich mit einer Studiengruppe Palästina. Während der Busfahrten durch das Land las ich zur Belustigung der Gruppe diagonal noch einmal Stauffer, um mir Jesus besser in dieser Landschaft und in seinem Volke vorstellen zu können. Wie wichtig das war, zeigten mir ab und zu antisemitische Ausbrüche der Gruppe, die mich stark irritierten, so dass ich mich – mit einer evangelischen Historikerin der Gruppe, die zehn Jahre später meine

Frau werden sollte – weigerte, den Karfreitag mit diesen Menschen zu feiern. Ich konnte die fromme Verehrung der Gruppe für Jesus und ihre tiefe Abneigung gegen Israel nicht auf einen Nenner bringen.

Einem Weihbischof, der viele Jahre später eine katholische Pilgergruppe betreute, erging es ähnlich. Als er in einem Nebensatz erwähnte, dass Maria, die Mutter Jesu, Jüdin gewesen sei, meinte eine Pilgerin: „Dann haben wir ja wohl die falsche Religion."

20 Jahre später legte der Physiker Hugo Staudinger, der sich später als Historiker profilierte, eine Schrift unter dem Titel »Die Historische Glaubwürdigkeit der Evangelien« vor, ein Versuch, sich der Flut an Meinungen, die Evangelien der Welt der Mythen zuzuordnen, zu widersetzen. Aber auch er konnte sich nicht ganz vom allgemeinen Meinungsdruck lösen, das zeigen seine Bemerkungen zur Kindheitsgeschichte Jesu und zur Entstehung des Johannesevangeliums.

Ein Papyrologe bringt die Wende

Der wirkliche Durchbruch sollte von dem Papyrologen Carsten Peter Thiede kommen. Es begann ganz bescheiden. 1986 veröffentlichte er den Titel »Die älteste Evangelien-Handschrift?«, eine relativ kleine Arbeit. Der reine Text beträgt nur 63 Seiten. Es ging um ein Fragment des Markusevangeliums, das in den Höhlen von Qumran gefunden wurde. Es belegte eindeutig, dass das Markusevangelium auf jeden Fall vor dem Jahre 66 n. Chr. verfasst wurde und nicht –wie bisher angenommen – nach der Zerstörung Jerusalems im Jahre 70 n. Chr. Große Unterstützung fand er bei dem römischen Theologen José O'Callaghan, Dekan des päpstlichen Bibelinstitutes in Rom.

Mitte der 90er Jahre fiel mir dann in England ein weiterer Titel des Autors, »Jesus, Life or Legend?« (»Jesus, Leben oder Legende?«) in die Hand, ein Vorläufer seiner späteren umfangreichen Arbeiten.

Zur großen Sensation wurde sein Buch, das er mit dem englischen Mitautor Matthew d'Ancona 1996 herausbrachte »Der Jesus-Papyrus«. In einer Oxforder Bibliothek war er auf ein Fragment des Matthäusevangeliums gestoßen, die älteste Buch-(Kodex)Handschrift des Neuen Testamentes. Erstmals konnte bewiesen werden, dass das Evangelium vor dem Jahre 70 n. Chr. entstanden und von einem Augenzeugen niedergeschrieben worden war. Das Buch löste eine scharfe Polemik gegen Thiede aus. Verständlich, denn die spekulationsfreudigen Kritiker hatten sich mit ihren Meinungen wie in einer Festung eingemauert und ließen keine andere an sich herankommen. Sie verhinderten außerdem, dass solche in der Öffentlichkeit Fuß fassen konnten.

1998 zog Thiede mit dem Titel »Ein Fisch für den römischen Kaiser« nach, eine Untersuchung des täglichen Umfeldes von Jesus Christus, gestützt auf neueste archäologische Funde. Der entsprechende Eindruck blieb nicht aus. Eine beachtliche Front tat sich auf gegen die Schreibtischtheologen der letzten 200 Jahre.

Etwa um die gleiche Zeit (1997) erschien auf der bibelwissenschaftlichen Bühne das Buch des Exegeten Klaus Berger, also eines Theologen, »Im Anfang war Johannes« zur Datierung des Johannesevangeliums. Er lief Sturm gegen die festgefahrene Meinung, das Johannesevangelium sei erst um das Jahr 90-100 n. Chr. entstanden. Berger sprach sich für die 60er Jahre aus, eine revolutionäre Meinung, berücksichtigt man, dass bis dahin sowohl in evangelischen wie in katholischen Kreisen die späte Entstehung geradezu ein Tabu war.

Berger hat wie kaum ein anderer Theologe des 20. Jahrhunderts in Deutschland die Bitterkeit der Vereinsamung eines Lebens erfahren müssen, das es wagt, gegen vorherrschende Denkmuster anzugehen. Er hatte eigentlich vor, katholischer Priester zu werden. Das wurde ihm wegen seiner „ausgefallenen“ wissenschaftlichen Meinungen unmöglich gemacht. Das ist im Nachhinein vielleicht ein Segen, denn er heiratete eine Sprachwissenschaftlerin, die ihm in seiner Arbeit zur Seite stand. Er wagte sich an die Übersetzung des Neuen Testamentes und aller Schriften des Urchristentums in eine neuzeitliche Sprache heran.

Nimmt man das Werk von John A. T. Robinson »Wann entstand das Neue Testament?« (1976) als Grenzlinie einer wirklichen Neuorientierung an, so stellt man bei Thiede und Berger eine Zeitverzögerung von etwa 20 Jahren fest, in unserer schnelllebigen Zeit eine große Spanne. Das legt den Gedanken nahe, dass manchmal erst eine bestimmte Forschergeneration aussterben muss, ehe neue Gehirne die Chance bekommen, sich durchzusetzen und die begangenen Fehler der Vorgänger zu korrigieren.

Eigene Lehre widerrufen

An dieser Stelle muss eine Wissenschaftlerin erwähnt werden, die wegen ihrer charakterlichen Größe uneingeschränkte Anerkennung verdient, Eta Linnemann. Sie hat ihre eigene Lehre widerrufen. Als Schülerin von Rudolf Bultmann standen ihr alle Türen offen. Ihr erstes Buch erwies sich als Bestseller. Sie wurde Professorin für Theologie an der Technischen Universität in Braunschweig, Honorarprofessorin für Neues Testament an der theologischen Fakultät der Philipps-Universität in Marburg und auf internationaler Ebene Mitglied der „Society for New Testament Studies“ (Gesellschaft für Studien des Neuen Testamentes)in Cambridge.

Nach aufmerksamen Einzelbeobachtungen und gestützt auf zahlreiche Informationen kam sie jedoch zu der Einsicht, dass bei der damals üblichen wissenschaftlichen Methode am Bibeltext unter dem Strich keine Wahrheit herauskommen konnte und dass diese Arbeit der Verkündigung des Evangeliums nicht diente. Der Charakter dieser Theologie, der sie sich bisher verbunden fühlte, habe nicht das „Wort Gottes“ zu ihrem Fundament gemacht, sondern die Philosophie. Sie nahm Anstoß am Monopolcharakter dieser rein spekulativ orientierten und inzwischen weltweit verbreiteten Theologie und meinte, dass sich an dieser bereits das Gericht Gottes vollziehe. Sie wurde an die Worte des Paulus an seinen Schüler Timotheus erinnert: „... es wird eine Zeit sein, da sie gesunde Lehre nicht ertragen können, sondern nach ihren eigenen Lüsten selbst Lehrer anhäufen, weil es ihnen in den Ohren kitzelt“ (2 Tim 4, 3).

Das Gefühl tiefer Frustration erfasste sie, sie glitt in Süchte ab, verfiel dem Fernsehapparat, um sich zu betäuben und wurde Alkoholikerin. Die Begegnung mit Menschen, von denen sie den Eindruck hatte, dass sie sich bemühten zu leben, was sie verkündeten, wurde ihre Rettung. Sie empfand eine große Freude, dass sie wieder Schwarz als Schwarz und Weiß als Weiß erkennen konnte. Sie erkannte, dass ihr verkehrtes Lehren eine Sünde war. Und dann vollzog sie einen Schritt, der in der Welt der Wissenschaft nicht häufig vorkommt, sie widerrief öffentlich ihre bisherigen Publikationen und gab zu, dass sie alles, was sie gelehrt und geschrieben habe, für einen Dreck erachte! Öffentlich erklärte sie, dass sie ihre beiden Bücher »Gleichnisse Jesu« und »Studien zur Passionsgeschichte« samt Beiträgen in Zeitschriften verworfen habe. Was sie in ihrer Wohnung noch vorgefunden habe, habe sie 1978 in den Müll geworfen, und sie bat alle, die in ihren Bücherregalen noch etwas finden würden, das gleiche zu tun.

Eta Linnemann handelte nicht unter dem Druck einer Inquisition, weder einer kirchlichen noch einer weltlichen noch einer wissenschaftlichen, sondern ausschließlich unter dem Druck ihres Gewissens und der selbst gewonnenen Erkenntnisse. Man muss wohl eine Frau sein, um zu solch einem Schritt fähig zu sein. Männern geht es trotz aller gegenteiligen Beschwörungen oft nicht so sehr um die Wahrheit als um Prestige und Macht. Berühmte Wissenschaftler schreckten gelegentlich vor Fälschungen nicht zurück, um ihre Arbeiten zu verteidigen.

Als ich von diesem Widerruf zum ersten Mal las, bemühte ich mich um die private Telefonnummer von Eta Linnemann, um ihr meine Hochachtung zum Ausdruck zu bringen. Dabei erfuhr ich, dass sie nur vorübergehend daheim war. Sie hatte sich für die Missionsarbeit in Indonesien zur Verfügung gestellt. Hätten andere diesen Mut gefunden, den zwei letzten Generationen wären manche Irrlichter und vielleicht der persönliche Absturz in den geistigen Abgrund erspart geblieben.

Ein anderer Schüler von Bultmann, Pfarrer Albrecht von Raab-Straube, legte im Jahre 2002 ein kleines Büchlein unter dem Titel »Jona« vor, in dem er die Irrtümer des einstigen Prinzen unter den Exegeten, Rudolf Bultmann, ans Licht brachte. Wörtlich heißt es:

„Jonas (Deckname des Verfassers) Welt (also die Welt von Raab-Straube), in der er lebte, und er selbst schickten sich an, sich Gottes vollkommen zu entledigen als einer störenden und völligen Hypothese (Vermutung). Der große Bultmann in Marburg hatte diese Erfahrung zum theologischen Programm erhoben und seine Konsequenz daraus gezogen. Die Theologie ließ sich dergestalt in die Rolle des Testamentsvollstreckers der Moderne hineindrängen. Nachdem man Gott aus allen übrigen Bereichen hat verschwinden lassen, besorgte das Programm der Entmythologisierung den Rest.

Es war nur konsequent, dass sich die Scharen der Studenten, nachdem die Welle der Wirtschaftswissenschaften abklang, der Psychologie, der Soziologie und der Politologie, als dritter der modernen Heilslehren, zuwandte. Das theoretische Rüstzeug und die Legitimation lieferte die Hof-Theologie der damaligen Zeit."

Von Raab-Straube konvertierte später zum Katholizismus und wurde Priester. Zur Enttäuschung für ihn wurde allerdings, dass er später in der katholischen Kirche die gleichen Meinungen vorfand, die ihm in der evangelischen zum Ärgernis geworden waren. Die 70er Jahre wurden für ihn zu dunklen Jahren.

Das Gegenteil von einem Schreibtischtheologen war Bargil Pixner. Nach dem Zweiten Weltkrieg arbeitete er als Missionar auf den Philippinen. Ab 1956 widmete er sich der Seelsorge an Priestern in den USA, Italien und Frankreich. Mit 48 Jahren fällte er eine persönliche Entscheidung, die sich für die Bibelwissenschaft als Segen herausstellen sollte. Er siedelte von Rom nach Jerusalem über, studierte dort Hebräisch und Archäologie. 1973 trat er in die Benediktinerabtei auf dem Zionsberg in Jerusalem ein. 1991 wurde sein Buch »Wege des Messias und Stätten der Urkirche« vorgestellt.

Den modernen Bibelkritikern warf er vor, sie würden vor lauter Studium an einzelnen Texten den Blick für das Ganze verlieren. Er wurde zu einem der besten Kenner am Nordufer des Sees Genezareth. Vor allem seine Erkenntnisse über die Essener stellen neue Horizonte in der Erforschung des Umfeldes Jesu dar. Bis dahin hielt man die Essener eher für eine Sekte, die in der Wüste von Qumran am Toten Meer in strenger Abgeschiedenheit lebte. Pixner wies nach, dass sie eher eine Bewegung waren, die darauf bedacht war, das Gesetz möglichst treu zu leben. Nicht nur in Qumran, auch im Zentrum von Jerusalem besaßen sie eine Niederlassung. Sie kannten Zölibatäre und Ehen, die sexuell enthaltsam lebten.

Noch interessanter sind seine Überlegungen über das Leben Marias, der Mutter Jesu, nach dem Tode ihres Sohnes. Sie lebte auf dem Zion und wurde das Herz der entstehenden christlichen Gemeinde. Der Zion wurde zur Wiege des Christentums.

Pixner bezeichnete die biblische Archäologie gern als „Fünftes Evangelium". Er weist einen großen Schritt weg von der theoretischen Spekulation hin zur historischen und archäologischen Forschung, die so lange in der Bibelwissenschaft vernachlässigt wurde.

Zwei Jahre später erschien in Deutschland der Titel von Hans-Joachim Schulz »Die apostolische Herkunft der Evangelien«. Wie Pixner sich auf die Archäologie stützt, so Schulz als Professor für Ostkirchenkunde auf die ostkirchliche Überlieferung, die sich nie dem Standpunkt der westlichen Kritik anschloss, sondern auf die bis in die apostolische Zeit zurückreichende Kontinuität der evangelischen Botschaft. Sein Werk dürfte zur Muss-Lektüre für jeden werden, der von den Verirrungen des 19. und des 20. Jahrhunderts loskommen möchte. Vor allem aber legen seine Argumente zwingend nahe, bei der Datierung der Entstehung der Evangelien eine grundlegende Revision einzuleiten.

Auf einer Tagung in München im Jahre 2000 machte Dr. Dr. Wassilios Klein von der Universität Bonn, ein Vertreter der Ostkirche, folgende Aussage: „In den alt- und neutestamentlichen Seminaren werden die verschiedenen Zweige der historisch-kritischen Methode gelehrt, ohne die einzelnen Methoden zu begründen oder gar ein Hinterfragen zuzulassen. Für einen Studenten, der die Prüfungen bestehen will, sind die Methoden gegeben. Sie zu hinterfragen, setzt ihn ins Abseits, macht ihn zum Spinner. Dies gilt verstärkt bei Diplomarbeiten und Dissertationen

… so mancher Wissenschaftler glaubt an seine Theorien, was keine Wissenschaft mehr ist. Nichts gegen eine Theorie, aber eine Theorie ist nur ein Denkmodell. Eine Theorie ist keine bewiesene und unumstößliche Tatsache."

Die erwähnten Leistungen von Thiede bis Schulz hatten einen Nachteil. Sie kamen ein Vierteljahrhundert zu spät, um einen verheerenden Scherbenhaufen im Bereich der Sinndeutung des Daseins gerade bei jungen Menschen zu verhindern.

Weder kritisch noch historisch

1964 hat sich das kirchliche Lehramt in einer Instruktion »Über die historische Wahrheit der Evangelien« durchaus positiv über die historisch-kritische Methode geäußert. Sie wurde 1993 durch ein neues Dokument, »Die Interpretation der Bibel in der Kirche«, ergänzt. Wörtlich heißt es darin: „Die historisch-kritische Methode ist die unerlässliche Methode für die wissenschaftliche Erforschung der Bedeutung der Texte. Da die Heilige Schrift als „Wort Gottes in menschlicher Sprache" in all ihren Teilen und Quellen von menschlichen Autoren verfasst wurde, lässt ihr echtes Verständnis diese Methode nicht nur als legitim zu, erfordert vielmehr die Anwendung." Viele sahen darin grünes Licht für die Methode. Was übersehen wurde, waren die Warnungen vor Vorentscheidungen rationalistischer oder ideologischer Natur. Das ist bis heute der Kern des Problems. Viele Bibelwissenschaftler haben den geschichtlichen Aspekt entweder vollkommen oder teilweise abgelehnt. Kritisch waren sie insofern nicht, als sie reine Meinungen als wissenschaftliche Erkenntnisse ausgaben. Viele dieser Theologen haben aus dem Geist der Auflehnung heraus gegen die kirchlichen Strukturen geforscht. Aber Auflehnung darf nie, weder als Motor noch als Grundmotiv, für eine Arbeit dienen, die sich der Wahrheit verpflichtet weiß.

Das vatikanische Dokument warnt auf der anderen Seite auch vor Fundamentalismus, vor einer wörtlichen Deutung der Texte, ohne den Hintergrund der Entstehung noch den Adressaten der jeweiligen Schrift zu berücksichtigen. Das ist im Islam der Fall. Der Koran, die „heilige Schrift" gilt als von Gott direkt und wörtlich diktiert, und manche islamischen Gelehrten sind davon überzeugt, dass das Original im Himmel aufbewahrt werde.

Die Schriften der Bibel wurden von Menschen verfasst, redigiert, immer wieder verbessert und ergänzt, vor dem Hintergrund bestimmter sozialer und religiöser Gegebenheiten. Der Schöpfer bedient sich des Menschen nicht als Marionette, sondern als Partner, als Mitschöpfer. Darin liegt die Würde des Menschen und seine große Berufung. Er steht ihm bei, damit die von ihm, vor allem durch Jesus, geoffenbarte Wahrheit nicht verloren geht. Davon lassen wir uns im zweiten Teil dieses Buches leiten, in dem es nicht um Behauptungen oder vorgetäuschte wissenschaftliche Erkenntnisse geht, sondern um Denkansätze eines Mannes, dem die Schrift, bei allem Auf und Ab seines Lebenslaufes, ständiger Begleiter war. Es geht um Denkansätze zum besseren Verständnis der Schrift, die den Leser immer wieder von neuem fasziniert, bereichert und stets neue Horizonte bei der Sinngebung und der Daseinsbewältigung eröffnet.

Teil 2

Der Brand Roms

Was mir bei der Durchsicht der Standpunkte verschiedener Bibelkritiker sehr bald zum Ärgernis wurde, das war bei ihnen die offensichtliche geschichtliche Instinktlosigkeit. Von historischen Hintergründen wollten sie nicht viel oder gar nichts wissen. Noch im 20. Jahrhundert nicht! Ein Manko, das heute auch bei den meisten Journalisten zu beobachten ist und das der deutschen Nation unter Umständen noch einmal zum Verhängnis werden kann.

Während meiner Jahre als leitender politischer Redakteur an mehreren Tageszeitungen hatte ich die Gelegenheit, oft mit Spitzenpolitikern zusammenzukommen, manchmal unter vier Augen. Bei einer solchen Begegnung überraschte mich einmal Franz-Josef Strauss, jener Politiker aus Bayern, der in der Bundespolitik in den 60er und 70er Jahren eine bedeutende Rolle spielte, mit der Frage, warum ich mich von vielen Vertretern der Presse so grundsätzlich unterscheide. Auf meine Gegenfrage, wie das zu verstehen sei, meinte er: Sie kommen bei Ihrer ersten Frage stets auf den Kern der Sache zu sprechen. Nun, vielleicht waren es u.a. die geschichtlichen Dimensionen, in denen ich stets dachte und die Gegenwart beobachtete. Eine ähnliche Bemerkung machte mir gegenüber einmal 1977 der ehemalige SPD-Bundeskanzler Helmut Schmidt.

Bei einigen Bibelwissenschaftlern, die den Mut hatten, sich im letzten Drittel des 20. Jahrhunderts vom allgemeinen Trend zu lösen und eine Neuorientierung, d.h. auch eine Neudatierung (Rückdatierung) vorzunehmen, waren geschichtliche Gesichtspunkte ausschlaggebend. Für John A. T. Robinson (1919-1983) wurde das Jahr 70 n. Chr., als Jerusalem von den römischen Legionen dem Erdboden gleichgemacht wurde, zum Auslöser. Laut Matthäus, Markus und Lukas hat Jesus diesen Untergang in dramatischer Weise vorausgesagt. Der bibelkritische Zeittrend hat ihm allerdings die Fähigkeit zur Prophetie abgesprochen. Die Voraussage sei ihm später in den Mund gelegt worden. Das konnte den Mann aus Cambridge auf Dauer nicht überzeugen.

Die Wende in seiner Forschungsarbeit begann eigentlich mit einem Scherz. Mit seinen Studenten wollte er untersuchen, zu welch merkwürdigen Ergebnissen man kommen würde, wenn man eine frühe Entstehung der Schriften des Neuen Testamentes voraussetze. Aber er kam bei dieser Forschungsarbeit zu vollkommen entgegengesetzten Ergebnissen als erwartet, nämlich zur Überzeugung, dass die Evangelien tatsächlich bereits sehr früh entstanden sein müssen.

Bei John Wenham, er lehrte an den Universitäten in Bristol und in Oxford, war es der abrupte Schluss des Buches der Apostelgeschichte von Lukas, dem Arzt. Das muss im Jahre 62 n. Chr. gewesen sein. In dieser Zeit war Paulus in Rom Gefangener des Kaisers, an den er als römischer Bürger in Cäsarea in Palästina appelliert hatte, um den ihn verfolgenden Juden zu entkommen, und es setzt voraus, dass das ebenfalls von Lukas geschriebene Evangelium etwa um das Jahr 50 n. Chr. entstanden ist. Manche Kritiker hatten versucht, die Entstehung der Apostelgeschichte auf das zweite Jahrhundert festzulegen. Die Schlussfolgerungen für Wenham liefen denn auch nicht nur auf eine frühe Entstehung des Lukas, sondern auch des Berichtes von Markus und von Matthäus hinaus.

Das Vorspiel von Ephesus

Für mich wurde ein anderes Ereignis zum Eckpunkt der Überlegungen, was die Niederschrift der Berichte über Jesus angeht. Es war der Brand Roms im Jahre 64 n. Chr. So soll Kaiser Nero die Stadt angezündet haben – vor allem bestimmte Stadtteile –, um ein schöneres, gewaltigeres Zentrum zu errichten. Als das Volk misstrauisch wurde und der Kaiser in den Verdacht geriet, als Urheber hinter der Katastrophe zu stehen, habe er, um den Volkszorn abzulenken, nach Opferböcken gesucht und die sogenannte „Sekte" der Christen als eigentliche Urheber genannt. Sie wurden – so weit man ihrer habhaft werden konnte – verhaftet und mussten grausam sterben. In den neronischen Gärten brannten sie an Pfählen wie Fackeln. Die Grausamkeit, mit der man vorging, weckte sogar im Volk Unbehagen. Diese Version hat mich nie voll überzeugt. Sie scheint mir der Geschichtslogik zu entbehren.

Die Römer waren zwar von ihren Amphitheatern her allerlei an Unmenschlichkeit gewohnt, aber die öffentliche Beseitigung einer ganzen Bevölkerungsgruppe überstieg auch die Möglichkeiten eines Kaisers. Hinter diesem Blutbad müssen vielmehr andere führende Schichten gestanden haben. In der Stadt Ephesus in Kleinasien (heutige Westküste der Türkei) gab es im Jahr 55/56 n. Chr., also zehn Jahre früher, ein Vorspiel, das Licht auch auf die Vorgänge in Rom unter Nero wirft. Der Arzt Lukas hat es in seiner „Apostelgeschichte" – der eigentliche Titel heißt „Ereignisse" – festgehalten. Wir bringen es hier wörtlich:

„Um jene Zeit aber wurde der neue Weg (das Christentum) Anlass zu einem schweren Aufruhr. Denn ein Silberschmied namens Demetrius, der silberne Artemistempel herstellte und den Künstlern viel zu verdienen gab, rief diese und die anderen damit beschäftigten Arbeiter zusammen und sagte: Männer, ihr wisst, dass wir unseren Wohlstand diesem Gewerbe verdanken. Nun seht und hört ihr, dass dieser Paulus nicht nur in Ephesus, sondern fast in der ganzen Provinz Asien viele Leute verführt und aufgehetzt hat mit seiner Behauptung, die mit Händen gemachten Götter seien keine Götter. So kommt nicht nur unser Geschäft in Verruf, sondern auch dem Heiligtum der großen Göttin Artemis droht Gefahr, nichts mehr zu gelten, ja sie selbst, die von der ganzen Provinz Asien und von der ganzen Welt verehrt wird, wird ihre Hoheit verlieren. Als sie das hörten, wurden sie wütend und schrien: Groß ist die Artemis von Ephesus! Die ganze Stadt geriet in Aufruhr, alles stürmte ins Theater, und sie schleppten die Mazedonier Gaius und Aristarch, Reisegefährten des Paulus, mit sich.

Als aber Paulus in die Volksmenge gehen wollte, hielten ihn die Jünger zurück. Auch einige hohe Beamte der Provinz Asien, die mit ihm befreundet waren, schickten zu ihm und rieten ihm, nicht ins Theater zu gehen.

Dort schrien die einen dies, die anderen das, denn in der Versammlung herrschte ein großes Durcheinander, und die meisten wussten gar nicht, weshalb man überhaupt zusammengekommen war. Die Juden schickten Alexander nach vorn, und aus der Menge gab man ihm noch Hinweise. Alexander gab mit der Hand ein Zeichen und wollte vor der Volksversammlung eine Verteidigungsrede halten (sich von Paulus distanzieren). Doch als sie merkten, dass er ein Jude war, schrien sie alle fast zwei Stunden lang wie aus einem Mund: Groß ist die Artemis von Ephesus!

Der Stadtschreiber aber brachte die Menge zur Ruhe und sagte: Männer von Ephesus! Wer wüsste nicht, dass die Stadt der Epheser die Tempelhüterin der großen Artemis und ihres vom Himmel gefallenen Bildes ist? Dies ist unbestreitbar; ihr müsst also Ruhe bewahren und dürft nichts Unüberlegtes tun. Ihr habt diese Männer hergeschleppt, die weder Tempelräuber noch Lästerer unserer Göttin sind. Wenn also Demetrius und seine Zunftgenossen eine Klage gegen irgend jemand haben, so gibt es dafür Gerichtstage und Prokonsuln; dort mögen sie einander verklagen. Wenn ihr aber noch etwas anderes vorzubringen habt, so kann das in der gesetzmäßigen Volksversammlung geklärt werden. Sonst sind wir in der Gefahr, dass man uns nach dem heutigen Vorfall des Aufruhrs anklagt, mit dem wir diesen Volksauflauf rechtfertigen könnten. Nach diesen Worten löste er die Versammlung auf (Apg 19, 23-40).

Die Ereignisse in Ephesus werfen ein Licht voraus auf tragische Dinge, die sich in Rom knapp ein Jahrzehnt später abspielen sollten. Die Botschaft des Paulus hatte vorerst nur führende Wirtschaftskreise in der Provinz aufgeschreckt. Religion, Handel und Politik waren eng miteinander verknüpft, was leicht zu erkennen ist, wenn man den Text genau liest. Demetrius war Großunternehmer. Er durchschaute die Auswirkungen der „Frohen Botschaft". Tausende sahen ihre Arbeitsplätze bedroht. Damit waren Menschen ideologisch schon immer zu mobilisieren.

In Ephesus ist jedoch ein weiterer Aspekt wichtig. Ein Jude meldete sich zu Wort, um sich von Paulus und der christlichen Botschaft zu distanzieren. Aber er wird niedergeschrien. Die Bevölkerung machte keinen Unterschied zwischen Christen und Juden. Zum jüdischen Monotheismus gab es seit langem ein gespanntes Verhältnis.

Pisonische Verschwörung

Der Brand in Rom brach in der Nacht vom 18. zum 19. Juni 64 n. Chr. aus. Der römische Historiker Cornelius Tacitus (55-120 n. Chr.) behauptet, es sei Poppäa Sabina gewesen, erst Geliebte, dann Gattin Neros, die ihn bewogen habe, gegen die Christen vorzugehen. Sie soll Sympathien für die Juden empfunden haben. Das sieht sehr nach ideologischer Schönfärberei aus, bei Historikern aller Jahrhunderte nichts Ungewöhnliches. Denn Juden und Christen saßen damals noch in einem Boot, man machte keinen Unterschied zwischen ihnen.

Die Christenverfolgung dürfte erst neun Monate später, im Frühjahr 65 n. Chr. in einem ganz anderen Zusammenhang angelaufen sein. Zu dieser Annahme neigen Experten wie John A. T. Robinson und G. Edmundson, dessen Buch »Church in Rom in the First Century« (»Kirche in

Rom im ersten Jahrhundert«) von der Fachwelt ignoriert wurde. Hinter der Verfolgung stand – so meine Schlussfolgerung – der ganze Staatsapparat. Das Römische Imperium sah sich im Kaiser verkörpert. Der Kult war Staatsreligion. Hinzu kamen – ähnlich wie in Ephesus – die Priesterschaft aller Tempel sämtlicher in Rom vertretenen Religionen und die mit beiden verbundene Finanzwelt beziehungsweise mächtige Wirtschaftskreise. Das aber setzt voraus, dass die christliche Botschaft in ihrem Wesen den entscheidenden höheren Klassen bekannt war und von ihnen, was die eigenen Positionen betraf, auch richtig eingeschätzt wurde.

Deshalb konnten spätere Kaiser, die ebenfalls gegen die Christen vorgingen, auf vorhandene Gesetze zurückgreifen. Sehr bald geschah das unter Kaiser Domitian, der von 81 bis 96 n. Chr. an der Macht war, im dritten Jahrhundert unter den Kaisern Decius (248-251), Valerian (253-269) Diokletian (286-305) und schließlich Galerius (305-311).

Im Herbst 1999 war ein Kardinal auf die Serie über die Entstehung der Evangelien aufmerksam geworden, die ich ein Jahr zuvor in dem von mir herausgegebenen Informationsblatt »Der Christ von Morgen« gestartet hatte. Von ihm erhielt ich den Hinweis auf eine Veröffentlichung in der italienischen Zeitschrift »30 Giorni«, die in der Mainummer (5/99) erschienen war und neue Erkenntnisse über die Entstehung des Markusevangeliums brachte.

Die Entdeckung von Versen aus dem Markus-Evangelium und eines Petrusbriefes in den Höhlen von Qumran am Toten Meer nach dem Zweiten Weltkrieg, 7Q5 genannt, sei demnach der Auslöser für ein Umdenken in den historiographischen Untersuchungen gewesen, erklärte in der Zeitschrift Prof. Marta Sordi, Direktorin des Institutes für Geschichte des Altertums der katholischen Universität Mailand, namhafte Expertin auf dem Gebiet des Christentums des ersten Jahrhunderts.

Eine Anmerkung von Prof. Sordi macht besonders nachdenklich. Lange Zeit hat man den Hinweis des frühchristlichen Schriftstellers Tertullian (160-220 n. Chr.) aus Karthago in Nordafrika, eines Juristen von tiefer Bildung und großem Scharfsinn, bereits Kaiser Tiberius (14-37 n. Chr.) habe im Jahre 35 n. Chr. die Absicht gehabt, das Christentum anzuerkennen, nicht ernst genommen. Diese Erwähnung scheint jedoch einen zuverlässigen historischen Hintergrund zu haben, und ein nüchterner Mann wie Tertullian muss von der Richtigkeit überzeugt gewesen sein. Das ist insofern sensationell, als Pontius Pilatus, der römische Statthalter in Jerusalem, das Todesurteil über Jesus unter Kaiser Tiberius gefällt hat. Pilatus wurde 36 n. Chr. abgesetzt und soll Selbstmord begangen haben.

Schon sehr bald nach der Kreuzigung Jesu empfanden bestimmte hochgestellte Persönlichkeiten Sympathien für den Mann des Leidens. Der jüdische Schriftsteller und Historiker Josephus Flavius, er hat die Zerstörung Jerusalems unter dem Feldherrn Titus miterlebt, berichtet, dass der Legat des Kaisers, Vitellius, in den Jahren 36/37 n. Chr. in Jerusalem auch den Hohen Priester Kajaphas abgesetzt hat. Hierdurch ergibt sich ein zusammenhängendes Bild. Pilatus und Kajaphas, die beiden Hauptverantwortlichen für das Todesurteil über Jesus, verschwinden zeitgleich von der öffentlichen Bühne. Das aber zeigt, dass die Geschichte des frühen Christentums noch einer gewaltigen Aufarbeitung bedarf.

Vitellius wurde auch Vertrauter des nachfolgenden Kaisers Claudius (41-54 n. Chr.). Dieser übergab Vitellius, als ihn eine Expedition nach Britannien rief, die römischen Staatsgeschäfte. Im Jahre 42 n.Chr. traf Petrus in Rom ein, weil er in Jerusalem um sein Leben fürchten musste. Jetzt landete er in der Hauptstadt des Imperiums. Das ist im Grunde eine atemberaubende Entwicklung. Zehn Jahre nach dem entwürdigenden Tod vor den Toren Jerusalems wird dieser Gekreuzigte im Zentrum der damaligen Welt verkündet. Unter Claudius herrschte also am kaiserlichen Hof eine dem jungen Christentum gegenüber durchaus positive Einstellung.

Das stimme perfekt – so Professor Sordi – mit einer Nachricht von der Bekehrung der römischen Matrone Pomponia Graecina überein, der Gattin eines Generals des Claudius. Darüber berichtet der römische Historiker Tacitus (55-120 n. Chr.), der das Christentum einen „fremden Aberglauben" nennt, zu dem die angesehene Frau übergetreten sei.

Der Ausschnitt des Markusevangeliums 7Q5 stimme also voll und ganz mit den unterschiedlichen Daten – nicht nur aus christlichen, sondern auch heidnischen und jüdischen Quellen – überein. Und auf der Grundlage der Erkenntnis, dass das Christentum bereits im Rom der julisch-claudischen Zeit (erste Hälfte des ersten Jahrhunderts) bekannt war, konnte Professor Sordi mit ihren Studenten die vernachlässigten Quellen mit neuer Aufmerksamkeit lesen.

Im Klartext heißt das, dass nun auch angelsächsische und italienische Experten die Verirrungen der deutschen Bibelwissenschaft im 19. und 20. Jahrhundert ins Visier nehmen und immer nachhaltiger korrigieren. Die Identifizierung des berühmten Fragmentes 7Q5 (Markus 6, 52-53): ... denn sie waren nicht zur Einsicht gekommen, als das mit den Broten geschah; ihr Herz war verstockt. Sie fuhren auf das Ufer zu, kamen nach Gennesaret und legten dort an ...), das die wissenschaftliche Revolution ausgelöst hat, geht übrigens auf den Spanier O'Callaghan zurück, einen Fachmann für Papyrusforschung.

Die Antipathie Neros gegenüber den Christen hatte neben der Staatsräson noch eine persönliche Wurzel. Sie lag bei seiner Mutter Agrippina, der vierten Gattin des Kaisers Claudius, eines Mannes, der die Verwaltung, das Finanz- und das Rechtswesen reformierte. Gerade Agrippina muss später wenig Sympathien für die Christen empfunden haben. Sie war eine machtbesessene Frau, die ihren Gatten Claudius vergiften ließ, um ihren Sohn Nero an die Macht zu bringen, eigentlich sich selbst. Eine solche Frau konnte die hohe Ethik der Christen nur ablehnen, für die Vitellius eine Schwäche gehabt hat. Die Abneigung übertrug sie auf ihren Sohn. Am Ende ereilte auch sie das Schicksal. Ihr eigener Sohn ließ sie 59 n. Chr. ermorden, ehe er sich neun Jahre später selbst das Leben nahm. Die Geschichte nimmt oft das Urteil des Endgerichtes vorweg.

Unvereinbar mit Kaiserkult

Was bei der ersten großen Christenverfolgung durch Kaiser Nero nicht berücksichtigt wird, ist die Tatsache, dass die Opfer vor allem Christen aus dem Judentum waren. In Rom wohnten damals mehr Juden als in Jerusalem. Diese Verfolgung war demnach auch ein Ventil für den unterschwelligen Judenhass. Denn ihr Monotheismus war vielen ein großes Ärgernis. Nach der Besetzung des Tempels in Jerusalem hundert Jahre zuvor (63 v. Chr.) durch den Feldherrn Pompejus bestand zwischen Römern und Juden ohnehin eine Intimfeindschaft. Die Christen aber konnten ihren jüdischen Ursprung nicht verleugnen und wollten es auch nicht. Die Mehrheit der römischen Christen waren Juden von Geburt. Die Verfolgung der Christen war also auch eine Judenverfolgung.

Aber es drängt sich auf, hier noch einen anderen Zusammenhang ins Auge zu fassen. Wenig Sympathien musste Nero, ein Lebemann, auch für die sogenannten Spätstoiker empfinden. Das Ideal der stoischen Moral war der Weise, der nach den Gesetzen der Natur lebt, seine Leidenschaften beherrscht, Leiden geduldig erträgt und in der Tugend die einzige Quelle wahren Glücks sucht. In Gott sahen sie eine Art Weltseele, die Keimkraft allen Werdens, das einer planenden Vorsehung unterworfen ist. Die Stoiker sprachen sich für die Gleichheit aller Menschen aus.

Der Philosoph Lucius Annäus Seneca (1-65 n. Chr.), anfänglich Erzieher Neros, sah in der Strenge gegenüber sich selbst den Kern des sittlich guten Lebens, und in der Milde, im Verzeihen. Seneca schlief auf einer harten Matratze, trank nur Wasser und aß mäßig. Er verehrte einen persönlichen Gott und stand dem Christentum sehr nahe. In der Hafenstadt Ostia wurde eine Inschrift gefunden, die verrät, dass in seinem Hause Christen verkehrten. Während der Verfolgung der Christen im Jahre 65 n. Chr. musste er sich in Verbindung mit der Verschwörung des Piso auf Befehl Neros das Leben nehmen. Christliche Schriftsteller des zweiten Jahrhunderts wie Justinus und Klemens aus Alexandrien machten keinen Hehl aus ihrer Sympathie für die Stoiker. Justinus nannte den Stoiker Musonius Rufus „einen unbewussten Märtyrer Christi".

Da Nero nach dem Brand sofort Hilfsmaßnahmen für die Bevölkerung und den Wiederaufbau einleitete, ist die Vermutung, er hätte für die Volkswut einen Blitzableiter gesucht, nicht unbedingt überzeugend. Vielmehr liegt nahe, eine andere Querverbindung ins Auge zu fassen. Im Frühjahr des Jahres 65 n. Chr. gab es in Rom unter Führung des Anwaltes Gaius Piso eine Verschwörung von Adeligen, Senatoren und hohen Offizieren der Prätorianergarde gegen Nero. Das Komplott wurde jedoch verraten und flog auf. 20 wichtige Männer wurden hingerichtet, 13 in die Verbannung geschickt, vier Offiziere entlassen. Der Philosoph Seneca wurde gezwungen, Selbstmord zu begehen, sein Neffe, der Dichter Lucanus, mit dem Tode bestraft. Diese Verschwörung könnte für Nero und seine Hintermänner Anlass gewesen sein, mit allen Staatsfeinden reinen Tisch zu machen. Wenn Seneca Sympathien für das Christentum und Verbindung zur Piso-Gruppe gehabt haben sollte, wäre es nicht abwegig, in der Verfolgung beider eine Verknüpfung zu sehen.

Ab dem Jahre 62 n. Chr., mit diesem Jahr bricht die Apostelgeschichte ab, braute sich das Unheil für die Christen zusammen. Seit 57 n. Chr. war Petrus wieder in Rom tätig. Außerdem waren seit Mitte der 40er Jahre Markus und seit Mitte der 50er Jahre Lukas im Gespräch. Auf lange Sicht hatte Markus mit seiner „Frohen Botschaft" über sich und die ersten Christen das Todesurteil gesprochen. Allzu deutlich hebt er in seinem Bericht den Anspruch Jesu auf göttliche Herkunft hervor (Mk 14, 61-64). Den Höhepunkt des Markusbuches bildet das Verhör vor dem Hohenpriester in Jerusalem: „Da wandte sich der Hohepriester nochmals an Jesus und fragte: Bist du der Messias, der Sohn des Hochgelobten? Jesus sagte: Ich bin es. Da zerriss der Hohepriester sein Gewand und rief: Wozu brauchen wir noch Zeugen? Ihr habt die Gotteslästerung gehört. Was ist eure Meinung? Und sie fällten einstimmig das Urteil: Er ist schuldig und muss sterben."

Dieser Anspruch war unvereinbar mit dem Kaiserkult. Daraus erklärt sich die erschreckende Brutalität, mit der Nero, der durch die Verschwörung des Piso im Frühjahr ohnehin aufgeschreckt war, gegen die Christen und den von ihnen verkündeten „Messias" vorging. In Rom kannte man die Wirkung von politischen Büchern, und als solches wurde das Markus-Buch eingestuft. Zudem hat der zweite Autor, Lukas, in plastischen Berichten untermauert, was Markus eher andeutungsweise behauptet hat, dass nämlich dieser Hingerichtete lebe.

Hinzu kam ein weiterer Aspekt. Der von Markus vorgestellte Messias wurde am Ende von einem römischen Statthalter, Pontius Pilatus, hingerichtet – im Namen des Kaisers. Wenn sich herausstellen würde, dass dieser grausam Gekreuzigte tatsächlich Gottes Sohn war und dass es der römische Kaiser war, in dessen Namen das vollzogen wurde, musste der Prestigeverlust ungeheuerlich sein. Deshalb konnte nicht sein, was nicht sein durfte.

Die am meisten gesuchten Personen nach Ausbruch der Verfolgung waren Markus und Lukas. Die ersten christlichen Werke, die einer ersten öffentlichen Bücherverbrennung zum Opfer fielen, dürften die „Frohe Botschaft" von Markus und die von Lukas gewesen sein. Markus musste fliehen und setzte sich, wahrscheinlich noch vor der Kreuzigung des Petrus, der vermutlich um 67 n. Chr. hingerichtet wurde, in die Weltstadt Alexandrien in Ägypten ab, wo er unterzutauchen hoffte. Vergeblich. Die kaiserliche Geheimpolizei spürte ihn auch dort auf. Er starb noch zu Lebzeiten Kaiser Neros.

Da er es vor seinem Tode noch schaffte, das kirchliche Leben in Alexandrien zu organisieren, Gemeinden zu ordnen, lässt das den Schluss zu, dass er Rom gleich nach Ausbruch der Verfolgung verlassen hat – oder bereits vorher –, als sich das Unheil zusammenbraute, und das war seit dem Jahre 62 n. Chr. der Fall. Das geht eindeutig aus dem zweiten Petrusbrief hervor, außer für ideologisch vorgeprägte Bibelwissenschaftler, nach denen dieser Brief erst im Jahre 120 n. Chr. geschrieben wurde.

Israel ein Buchvolk

Ganz besonders peinlich wirken die Spekulationen der Bibelkritiker des 19. und noch mehr des 20. Jahrhunderts vor dem Hintergrund unseres heutigen Wissens über die Buchkultur vor und nach Jesus im klassischen Griechenland, im Römischen Imperium und in Israel. Für Athen kann der Buchhandel schon im fünften Jahrhundert v.

Chr. nachgewiesen werden. Buchhändler hatten ihre Verkaufsstände auf der Agora (Marktplatz). Athen spielte damals die Rolle einer Buchhandels-Metropole. Selbst im heutigen Afghanistan, so weit reichte der Einfluss Griechenlands, wurde im Palast von Ai Khanoum ein Bibliotheksraum entdeckt.

Das Verlagswesen in Rom zur Zeit Jesu war dem heutigen schon sehr ähnlich. Ein Verleger beschäftigte lectores (Lektoren), die den Text vor mehreren, manchmal bis zu hundert schreibenden Sklaven langsam ablasen. Man schrieb auf dem Boden sitzend. Der französische Fachmann für Manuskripte A. Dain macht in seinem Buch »Les manuscrits« eine ziemlich genaue Angabe über die Technik des Schreibens. Man schrieb sitzend, das linke Bein angewinkelt, das rechte vertikal, sodass es als „Buchpult“ diente. So konnte man auf beachtliche Auflagen kommen. Es gab sogar Massen- und Billigproduktionen.

Israel war ein Buchvolk par excellence. An der Heiligen Schrift lernte man lesen und schreiben. Die Schrift diente als Gesetz und als Erziehungsinstrument. Man kannte sie stellenweise auswendig. In jedem anspruchsvollen Haus gab es eine kleine Schreibtafel aus Wachs. Zu meinen, die Jünger Jesu wären an einer baldigen Niederschrift der Worte und Taten Jesu nicht interessiert gewesen, bedeutet eine totale Verkennung der damaligen Schreibkultur in Israel. Bereits im Jahre 212 n. Chr. gab es in Jerusalem eine christliche Bibliothek und um 231 n.Chr. wurde eine in Cäsarea an der Küste gegründet, nach dem Muster des Museion, der großen Bibliothek von Alexandrien in Ägypten.

Vor einigen Jahren hat Papst Johannes Paul II. jedem Haushalt in Rom ein Markusevangelium zukommen lassen. Eine bedeutende Geste. Damit sollen die Bewohner Roms daran erinnert werden, dass dieses Evangelium in den Jahren 44 bis 46. n. Chr., also nicht ganz 15 Jahre nach dem Abgang Jesu, in Rom seine erste Fassung erlebt hat. In der zweiten Hälfte der 50er Jahre n. Chr. kam die „Frohe Botschaft“ nach Lukas dazu. Beide Bücher, besonders Lukas, fanden vor allem in der höheren Schicht großen Anklang. Anfang der 60er Jahre n. Chr. wurden sie sogar zur großen Gefahr für alle, die anfingen, sich dem Christentum zuzuwenden. Markus und Lukas rüttelten nämlich ungewollt an den Grundfesten der römischen Staatsphilosophie (und Theologie). Sie waren geistige „Zeitbomben“.

Die liberale Bibel-„Wissenschaft“ war im 19. und im ausgelaufenen 20. Jahrhundert bemüht, nicht die Evangelisten als die Schöpfer der christlichen Theologie darzustellen, sondern Paulus. Das ist eine heute vollkommen unannehmbare These, die nie ernsthaft zu beweisen war. Nach seinem Damaskuserlebnis im Jahre 33 n. Chr. zog sich Paulus erst einmal drei Jahre nach Arabien zurück, dann zehn Jahre in seine Heimatstadt Tarsus an der Südküste der heutigen Türkei. Er musste verarbeiten, was ihm widerfahren war und was sein ganzes Weltbild zum Einsturz gebracht hatte.

Mitte der 40er Jahre wurde er aufgefordert, sich in die Missionsarbeit einzuschalten, seine erste Verkündigungsreise startete er im Jahre 47 n. Chr. Zu dieser Zeit lag die Verkündigungstheologie längst vor, ausgearbeitet von

Petrus, Matthäus, Johannes (nicht zu vergessen Maria, die Mutter Jesu), Thomas und den anderen Jüngern.

Im Jahre 58 n. Chr. verfasste Paulus den zweiten Brief an seinen Schüler Timotheus, der sich irgendwo in Kleinasien aufhielt. Paulus befand sich um diese Zeit in Cäsarea an der Mittelmeerküste im Gewahrsam des römischen Statthalters – erst des Felix, dann des Festus. Am Schluss dieses Schreibens befindet sich eine aufschlussreiche Bitte. Wörtlich heißt es:

„Nur Lukas ist noch bei mir. Bring Markus mit, denn er wird mir ein guter Helfer sein (Paulus legte also Wert auf engsten Kontakt mit den Evangelisten) … Wenn du kommst, bring den Mantel mit, den ich in Troas bei Karpus gelassen habe, auch die Bücher und die Pergamente."

Welche Bücher mögen das gewesen sein? Ganz sicherlich nicht die Dramen und Liebesgedichte griechischer und römischer Poeten. Paulus war durch und durch nur mit der Verkündigung beschäftigt. Die Weisheit dieser Welt interessierte ihn nicht. Bei den erwähnten Rollen (Pergamenten) handelt es sich also um Bücher des Alten Testamentes, bei den „Büchern" um die des Neuen Testamentes. Bis zu dieser Zeit bediente man sich fast ausschließlich der Rollen, mit den Christen entstand die Buchform, damals Codices genannt. Auf diese Erkenntnis macht Carsten Peter Thiede in seinen Büchern aufmerksam. Im Gepäck der Apostel befanden sich also bereits die Evangelien bzw. ihre ersten Ausgaben.

Als Kaiser Nero im Jahre 65 n. Chr. die erste Christenverfolgung startete, war das keine spontane Aktion. Sie stützte sich vielmehr bereits auf Dekrete. Die Rechnung für diese blutige Staatsaktion kam sehr bald. Sechs Monate nach der Christenverfolgung brach in Rom eine Seuche aus. In den Registern des Libitina Tempels wurden 30 000 Begräbnisse festgestellt. Die Häuser waren voller Leichen, die Strassen von Trauerzügen vollgestopft.

Ein Jahr später, im Jahre 66. n. Chr. brach in Palästina ein jüdischer Aufstand aus, der Beginn des jüdischen Krieges, der eine große Gefahr für das ganze Imperium hätte heraufbeschwören können. Nero schickte den Feldherrn Vespasian in den Osten, um der Sache Herr zu werden. Man wollte bei dieser Gelegenheit die Quellen der Unruhen, dazu gehörte auch das aus Jerusalem kommende Christentum, endgültig auslöschen.

Im Sommer des Jahres 68 n. Chr. lehnte sich der Statthalter von Gallien, C. J. Vindex gegen Nero auf und bat den spanischen Legaten Galba, Kaiser zu werden. Am 9. Juni musste Nero, von allen verlassen, aus Rom in das Landhaus des freigelassenen Sklaven Phaon fliehen. Dort nahm er sich das Leben, um seiner Festnahme zu entgehen. Der Senat hatte vor, ihn auf dem Forum Romanum vor der Hinrichtung auspeitschen zu lassen. Er hat Petrus, Paulus und Markus um ein bzw. zwei Jahre überlebt.

Man muss an das 20. Jahrhundert denken und an Auschwitz. Für den Völkermord mussten Millionen unschuldiger junger Deutscher auf den Schlachtfeldern verbluten. Und Adolf Hitler nahm sich 1945 – wie einst Nero in Rom – in den Bunkern der Reichskanzlei in Berlin das Leben.

Sensationsautoren machen heute aus allem ein Geschäft. Der italienische Journalist Massimo Fini ist jetzt auf die abstruse Idee gekommen zu behaupten, die Christen hätten seinerzeit tatsächlich Rom angesteckt, um das vorausgesagte Ende der Welt herbeizuführen. Er stützt sich dabei auf die Theorien bestimmter Bibelkritiker der letzten 200 Jahre, die in dieser sogenannten und angeblichen Naherwartung sogar die Gründe für die Entstehung der Evangelien sehen wollten.

Bei ruhiger Betrachtungsweise der Ereignisse nach der Kreuzigung Jesu vor den Toren Jerusalems steht man staunend, fast fassungslos vor der Leistung seiner Jünger, die knapp dreißig Jahre danach an den Grundfesten des Römischen Imperiums rüttelten. Es waren persönliche Überzeugung, sorgfältige Gedächtnispflege, hohe Sprach- und Schreibkultur, die das ermöglichten, vor allem aber die für sie alle unauslöschbare Begegnung mit dem Auferstandenen, die sich wie ein lebendiges Brandmal in ihre Seele gesenkt haben musste. Mit ihrem Tode haben sie besiegelt, was sie bezeugt hatten.

Passahfest

Neben dem Geschichtssinn vermisst man bei den Bibelkritikern eine zweite wichtige Eigenschaft, die Voraussetzung für jede historische Rekonstruktion: das psychologische Einfühlungsvermögen.

So wurde für mich die Frage zum Problem, wie wohl die Jünger Jesu das größte Fest der Juden, das Passahfest, ein Jahr nach dem Abgang Jesu begangen haben. Es ist das erste von den drei großen Festen, die in Israel gefeiert wurden, in seiner Bedeutung und feierlichen Atmosphäre dem Heiligen Abend und dem Weihnachtsfest vergleichbar, wie es in Deutschland und in Polen gefeiert wird. Es war und ist noch heute Erinnerung an die Befreiung Israels von der Versklavung durch die ägyptischen Pharaonen vor etwa 3200 Jahren. Jesus pflegte als Kind mit seinen Eltern zu diesem Fest nach Jerusalem zu pilgern. Sein Leiden am Kreuze vor den Toren der Heiligen Stadt hatte er für den Vorabend dieses Festes geplant.

Mindestens 200 000 auswärtige Pilger musste die Stadt an diesem Hochfest beherbergen. Der römische Schriftsteller Tacitus weiß gar von 600 000 Besuchern zu berichten. Bei solchen Massen hatte man Mühe, in der Stadt unterzukommen. Jesus dürfte Freunde und Verwandte im Umkreis gehabt haben. Die Mehrheit der Pilger schlief in Zelten außerhalb der Stadt.

Das Ritual war von Moses im Buch Levitikus (vgl. 23, 5-8) festgelegt worden: „Am vierzehnten Tag des ersten Monats gegen Abend ist das Passah zu Ehren Jahwes. Am fünfzehnten Tag dieses Monats ist das Fest der ungesäuerten Brote zu Ehren Jahwes, sieben Tage müsst ihr ungesäuertes Brot essen. Am ersten Tag sollt ihr eine heilige Festversammlung halten; ihr dürft keinerlei Werktagsarbeit tun. Sieben Tage sollt ihr Jahwe ein Feueropfer darbringen, am siebten Tag ist ebenfalls eine heilige Festversammlung; an ihm dürft ihr keinerlei Werktagsarbeit tun."

Zur Zeit Jesu wurde Passah am 14. Nisan gefeiert (März / April), der auf den Vollmond der Frühjahrs-Tagundnachtgleiche fiel. Das zentrale Ereignis war der gemeinsame Verzehr des Lammes. Am Nachmittag des 14. Nisan spielte sich alles im Tempel ab. Das Familienoberhaupt kam mit dem Opferlamm, einem Tier ohne Flecken und Fehler, in das Heiligtum. Ein Trompetenstoß war das Signal zum Schlachten. Das Blut wurde vor dem Altar vergossen. Durch Kanäle gelangte es ins Tal und floss in den Kidron. Eingeweide und Fett landeten im Feuer. Dann bekam der Pilger das Lamm zum rituellen Mahl zurück. Kein Knochen durfte beschädigt werden, man musste es braten. Der Verzehr war eingeteilt in vier Weinbecher.

Über dem ersten Becher wurde ein Segensspruch gesprochen, dann nahm man Grünkräuter zu sich, eingetaucht in Salz- und Essigwasser. Vor dem zweiten Becher wurde der Exodusbericht verlesen, der Auszug aus Ägypten. Danach sang man die Psalmen 113: „Halleluja! Lobet, ihr Knechte des Herrn, lobt den Namen des Herrn!" und 114 „Als Israel aus Ägypten auszog, Jakobs Haus aus dem Volk mit fremder Sprache, da wurde Juda Gottes Heiligtum, Israel das Gebiet seiner Herrschaft."

Anschließend aß man das Lamm, mit bitteren Kräutern (charoseth) und mit ungesäuerten Broten. Der nächste Weinbecher ging von Hand zu Hand, es war der Segensbecher. Es folgte das Gnadenlied, die Psalmen von 115 bis 118: „Nicht uns, o Herr, bring zu Ehren, nicht uns, sondern deinen Namen, in deiner Huld und Treue." Bei den Worten „Gelobt sei, der da kommt im Namen des Herrn" wurde der vierte Becher herumgereicht. Erlaubt war eventuell ein fünfter Becher. Beim vierten oder fünften Becher hat Jesus wahrscheinlich die Eucharistie eingesetzt, das Abendmahl, also in einem sehr feierlichen Rahmen.

Passah war sowohl ein freudiges als auch ein nachdenkliches Fest. Dem Ganzen haftete etwas Mystisches an, die tiefe Verbundenheit des einzelnen Gläubigen mit dem Schicksal seines Volkes. Jesus hat zum Schluss gewissermaßen mit den Worten „Das ist mein Leib, das ist mein Blut" das bis dahin gültige Ritual aufgehoben. Erinnert man sich dabei der langen Abschiedsrede, niedergelegt durch Johannes in den Kapiteln von 13 bis 17, bekommt man eine Ahnung davon, wie tief sich dieser Abend, das letzte Passahfest mit Jesus, den Jüngern eingeprägt haben muss. Fast nun schon 2000 Jahre wird der Abendmahlssaal auf dem Zionsberg in Jerusalem von christlichen Pilgern aufgesucht. Das beweist, wie stark schon die Urgemeinde verinnerlicht hat, was in ihm eingesetzt wurde.

Die berühmte Pfingstrede des Petrus in Jerusalem, sieben Wochen nach der Kreuzigung und Auferstehung Jesu, zeigt, wie sehr den Jüngern an diesem Tage bewusst wurde, dass sich in ihrem Herrn und Meister alle Prophezeiungen und Erwartungen erfüllt hatten:

„Israeliten, hört diese Worte: Jesus, den Nazoräer, den Gott vor euch beglaubigt hat durch machtvolle Taten, Wunder und Zeichen, die er durch ihn in eurer Mitte getan hat, wie ihr selbst wisst – ihn, der nach Gottes beschlossenem Willen und Vorauswissen hingegeben wurde, habt ihr durch die Hand von Gesetzlosen ans Kreuz geschlagen und umgebracht. Gott aber hat ihn von den Wehen des Todes befreit und auferweckt; denn es war unmöglich, dass er vom Tod festgehalten wurde … Mit Gewissheit erkenne also das ganze Haus Israel: Gott hat ihn zum Herrn und Messias gemacht, diesen Jesus, den ihr gekreuzigt habt."

Und noch dramatischer war das, was die Jünger Petrus und Johannes einige Tage später im Tempel, nach der Heilung eines von Geburt an Gelähmten, der Führung des Volkes verkündeten. „Während sie zum Volk redeten, traten die Priester, der Tempelhauptmann und die Sadduzäer zu ihnen. Sie waren aufgebracht, weil die Apostel das Volk lehrten und in Jesus die Auferstehung von den Toten verkündeten. Sie nahmen sie fest und hielten sie bis zum nächsten Morgen in Haft …

Am anderen Morgen versammelten sich ihre Führer sowie die Ältesten und die Schriftgelehrten in Jerusalem, dazu Hannas, der Hohepriester, Kajaphas, Johannes, Alexander und alle, die aus dem Geschlecht der Hohenpriester stammten. Sie stellten die beiden Männer in die Mitte und fragten sie: Mit welcher Kraft oder in wessen Namen habt ihr das getan? Da sagte Petrus zu ihnen, erfüllt vom Heiligen Geist: Ihr Führer des Volkes und ihr Ältesten! Wenn wir heute wegen einer guten Tat an einem kranken Menschen darüber vernommen werden, durch wen er geheilt worden ist, so sollt ihr alle und das ganze Volk Israel wissen: im Namen Jesu Christi, des Nazoräers, den ihr gekreuzigt habt und den Gott von den Toten auferweckt hat. Durch ihn steht dieser Mann gesund vor euch. Er (Jesus) ist der Stein, der von euch Bauleuten verworfen wurde, der aber zum Eckstein geworden ist. Und in keinem anderen ist das Heil zu finden. Denn es ist uns Menschen kein anderer Name unter dem Himmel gegeben, durch den wir gerettet werden sollen" (Apg 4, 1-12).

Zusammengekommen war also die Crème de la crème, die einflussreiche Oberschicht, vor der dieses Bekenntnis abgelegt wurde. Der Mut, mit dem es vorgetragen wurde, zeigt, wie stark der Eindruck war, unter dem sie standen, nachdem sie ein paar Wochen zuvor dem Auferstandenen Auge in Auge gegenübergestanden und gegenübergesessen hatten.

Ist es vorstellbar, dass sie am ersten Jahrestag der Kreuzigung, am Passah, das Osterritual unverändert gefeiert haben, wo ihnen doch klar geworden war, dass dieses Fest nichts anderes war als die Vorankündigung dessen, was sich bereits abgespielt und was sie selbst miterlebt hatten – die Kreuzigung des Auserwählten und seine Auferstehung am dritten Tage danach? Ist es vorstellbar, dass sie die Lesungen, vor allem den Exodusbericht, und auch die Psalmen gehört und gebetet haben, ohne dessen zu gedenken, an dem sich alles erfüllt hatte?

Zusammenfassung der Leidensgeschichte

Als ich diese Frage durchdachte, wurde mir klar, dass sie bereits am ersten Jahrestag dem Ritual, der traditionellen

Osterliturgie, eine Zusammenfassung der Leidens- und Auferstehungsgeschichte Jesu hinzugefügt haben müssen. Dies weist auch hin auf sehr früh existierende schriftliche Berichte über das Leben Jesu und die zentralen Ereignisse seines Lebens.

Immer wieder müssen sie über die letzten Tage, die sie mit Jesus verbracht hatten, meditiert haben. Die Erinnerung an die aufwühlenden Ereignisse, die innerhalb weniger Tage über sie hereingebrochen waren, an die lange Abschiedsrede beim letzten Abendmahl, an den entwürdigenden Tod am Kreuze und dann die beglückende, befreiende Begegnung mit dem Auferstandenen führte ihnen vor Augen, wie gezielt Jesus seinen Tod in Jerusalem gerade am Passahfest erleiden wollte.

Im ersten Brief des Paulus an die Gemeinde in Korinth, den er im Jahre 55 n. Chr. geschrieben hat, klingt es in den Worten an: „denn als unser Paschalamm ist Christus geopfert worden“ (5, 7). Dieser Satz war zum Brennpunkt ihres Bewusstseins geworden. Im selben Brief wiederholt er weiterhin „Denn vor allem habe ich euch überliefert, was auch ich empfangen habe: Christus ist für unsere Sünden gestorben, gemäß der Schrift, und ist begraben worden. Er ist am dritten Tag auferweckt worden, gemäß der Schrift, und erschien dem Kephas, dann den Zwölf“ (15, 3-5). Paulus betont, dass er die Formulierung von der Urgemeinde in Jerusalem übernommen hat. Schon sehr früh wurde also der Kern der Verkündigungsbotschaft festgelegt. Aus dem jüdischen Passahmahl wurde die christliche Passahfeier, nicht langsam, über einen längeren Zeitraum, sondern sofort. Es war der Keim der neuen

Osterliturgie. Schrift und Ritual spielten eine große Rolle im Leben des Volkes Israel. Beides zwang die Urgemeinde zum Handeln.

Das jüdische Paschafest war ganz auf den erwarteten Messias ausgerichtet. Jünger und Urgemeinde wussten, er war gekommen, aber nicht erkannt worden. Die urchristliche Liturgie klammerte die Erwartungshoffnung nicht aus, sondern richtete sie nun auf den wiederkommenden Messias. Sehr deutlich hat das Matthäus (25, 1-13) den Gemeinden zu erklären versucht mit dem Gleichnis von den zehn Jungfrauen: „Dann wird es mit dem Himmelreich sein wie mit zehn Jungfrauen, die ihre Lampen nahmen und dem Bräutigam entgegengingen. Fünf von ihnen waren töricht, und fünf waren klug. Die törichten nahmen ihre Lampen mit, aber kein Öl, die klugen aber nahmen außer den Lampen noch Öl in Krügen mit. Als nun der Bräutigam lange nicht kam, wurden sie alle müde und schliefen ein. Mitten in der Nacht aber hörte man plötzlich laute Rufe: Der Bräutigam kommt! Geht ihm entgegen! Da standen die Jungfrauen alle auf und machten ihre Lampen zurecht. Die törichten aber sagten zu den klugen: Gebt uns von eurem Öl, sonst gehen unsere Lampen aus. Die klugen erwiderten ihnen: Dann reicht es weder für uns noch für euch."

1979 hat der deutsche Exeget Rudolf Pesch den Titel »Das Evangelium der Urgemeinde« vorgelegt. Es ist im Grunde die Leidensgeschichte Jesu. Er hat sie aus dem Markusbericht, Kapitel 8, 27 bis 16, 8 herausgeschält. Sie beginnt mit der Frage Jesu an seine Jünger, für wen ihn die Menschen halten: „Jesus ging mit seinen Jüngern in die

Dörfer bei Cäsarea Philippi. Unterwegs fragte er die Jünger: Für wen halten mich die Menschen? Sie sagten zu ihm. Einige für Johannes den Täufer, andere für Elija, wieder andere für sonst einen von den Propheten. Da fragte er sie: Ihr aber, für wen haltet ihr mich? Simon Petrus antwortete ihm: Du bist der Messias! Doch er verbot ihnen, mit jemand über ihn zu sprechen.“ Der Teil endet mit der Szene am Ostermorgen, als Frauen mit Entsetzen im leeren Grab von einem Engel gesagt bekommen: Ihr sucht Jesus von Nazareth, den Gekreuzigten. Er ist auferstanden, er ist nicht hier ... Da verließen sie das Grab und flohen, denn Schrecken und Entsetzen hatte sie gepackt.“

Pesch nimmt an, dass – abgesehen von einigen Einfügungen – diese Kapitel gewissermaßen das Urevangelium darstellt, das Evangelium der Urgemeinde, die erste Passionsgeschichte. Wörtlich schreibt er: „Wir können also festhalten: Alters- und Herkunftsindizien sprechen zusammen eindeutig für eine frühe Entstehung der rekonstruierten Passionsgeschichte in der aramäisch sprechenden Urgemeinde in Jerusalem. Der Text, der das Leiden, den Tod und die Auferstehung Jesu, des Messias und Menschensohns berichtet und verkündet, war „das Evangelium der Urgemeinde“.

Obwohl diese Überlegung einiges für sich zu haben scheint, sie fasziniert, dürfte sie doch eine Vereinfachung darstellen. Sie würde Markus ungerechterweise nur zu einem Sammler machen, der seinen Bericht aus vorhandenen Stücken zusammengebastelt hat. Aber Markus hat in Verbindung mit Petrus selbstständig gearbeitet. Sein Evangelium verrät einen klaren, dramatischen Aufbau.

Es enthält auch so etwas wie eine Unterschrift. In Kapitel 14, 51 schreibt er in Verbindung mit der Verhaftung Jesu auf dem Ölberg: „Ein junger Mann aber, der nur mit einem leinenen Tuch bekleidet war, wollte ihm nachgehen. Da packten sie ihn, er aber ließ das Tuch fallen und lief nackt davon." Dieser kleine Einschub wäre unverständlich, weil von der Sache her unbedeutend, wenn es sich nicht um den Verfasser des Berichts, also um Markus selbst handeln würde.

Da die Amtsträger wie der Hohepriester Kajaphas und der römische Statthalter Pontius Pilatus von Markus bzw. von Petrus als noch amtierende dargestellt werden, nimmt Pesch an, dass es vor dem Jahre 37 n. Chr. verfasst wurde. Persönlich neige ich zu einer noch früheren Entstehung einer Passionsgeschichte – eben wegen des Bedürfnisses in der Urgemeinde, der Liturgie des Passahfestes jene Ereignisse hinzuzufügen, die ihm seinen letzten Sinn gegeben haben. Eine erste verkürzte Leidensgeschichte könnte also bereits im ersten bzw. zweiten Jahr nach der Kreuzigung Jesu entworfen worden sein. Diese kann Markus natürlich ausgewertet haben.

Neben der Passahfeier gab es einen weiteren Grund für baldige, wenn auch kurze Zusammenfassungen des Lebens Jesu. Es war die turbulente Geschichte der ersten Christen in Jerusalem. Die Missionsarbeit auswärts setzte erst drei Jahre nach der Auferstehung Jesu ein. Aber das Informationsbedürfnis der aus der ganzen Welt stammenden Pilger, die in Jerusalem von den Jüngern zum ersten Mal von Jesus hörten, muss sehr groß gewesen sein. Sie wollten, wenn sie in ihre Heimatgemeinden zurückkehrten, etwas in der Hand haben. Um Gerüchteküchen vorzubeugen, mussten es einwandfreie Unterlagen sein.

Die Jüngergruppe um Petrus achtete peinlich genau auf eine exakte Wiedergabe der Ereignisse. Sie gingen – so auch Paulus – mit aller Entschiedenheit gegen jene vor, die ein „anderes" Evangelium verkündeten, d.h. gegen jene, die die historischen Gegebenheiten mit ihren eigenen Vorstellungen und Phantasien ausschmückten. Sie hatten damit, solange sie lebten, auch Erfolg. Die meisten sogenannten Apokryphen, d. h. Schriften, die von den Verantwortlichen der Urkirche nicht autorisiert waren, sind erst im zweiten Jahrhundert entstanden, als es die unmittelbare Autorität der Apostel nicht mehr gab.

Was die Bibelkritiker im 19. und 20. Jahrhundert taten, lief in die gleiche Richtung. Sie leugneten nicht nur geschichtliche Daten oder stellten sie in Zweifel, sondern setzten dreist eigene Spekulationen in die Welt, die nie zu beweisen waren. Es war zum Teil ein „anderes" Evangelium, vor dem Paulus, Petrus und andere Jünger einst gewarnt haben.

Dennoch sollte man sich die Entstehung der Evangelienberichte, nicht nur die des Markus, sondern aller, nicht zu starr vorstellen. Es war ein lebendiger Prozess, ein ständiger Austausch mit anderen Augenzeugen. Alle vier Evangelisten haben sicherlich – wie das bei jedem Schriftsteller noch heute der Fall ist – einen Erstentwurf gehabt, dem nach vielen Anregungen und neuem Tatsachenmaterial die eigentliche Fassung folgte. Schließlich sind nachträgliche Verbesserungen vom jeweiligen Verfasser nicht auszuschließen, ja sogar wahrscheinlich.

Die Briefe des Paulus sind, das ist heute kaum bestritten, in einem Zeitraum von etwa acht Jahren entstanden. Den ersten, an die Thessalonicher, schrieb er Anfang des Jahres 50 n. Chr., den letzten, es war der zweite an seinen Schüler Timotheus, im Herbst 58 n. Chr. Sie enthalten ein enormes theologisches Wissen und eine Fülle pastoraler Anweisungen, bezogen u.a. auf konkrete lokale Vorgänge in den von ihm angeschriebenen Gemeinden.

Warum die Berichte von Johannes, Matthäus, Markus und Lukas sich über Jahrzehnte hingezogen haben sollen, ist psychologisch nicht einsichtig. Die weitreichenden theologischen Überlegungen des Paulus sind aus heutiger Sicht nicht denkbar, wenn ihm nicht bereits die Evangelien zur Verfügung gestanden hätten. Wäre dem nicht so gewesen, hätte Paulus die Gemeinden sicherlich über das Leben und die Lehre Jesu aufgeklärt. Das tat er nicht, weil er diese Kenntnisse voraussetzen konnte. Er ist um theologische Vertiefung und praktische Umsetzung bemüht.

Es ist notwendig, sich in die historischen Umstände nach dem Abgang Jesu hineinzudenken, um jene schaurigen intellektuellen Gedankenspiele und Verirrungen zu vermeiden, denen die Männer der Bibelwissenschaft im 20. Jahrhundert verfallen sind.

Zerstörung des Tempels

Der Untergang Jerusalems und die Schleifung des jüdischen Tempels durch die Römer im Jahre 70 n. Chr. hat mich mein ganzes Leben lang nicht losgelassen. Es war ja nicht nur der Beginn der 2000jährigen Zerstreuung der Juden, ihrer tragischen „Heimatlosigkeit“, dieses Ende hängt auch mit dem aufkommenden Christentum zusammen, mit der Gestalt Jesu. 40 Jahre nach seiner Kreuzigung hat sich erfüllt, was er vorausgesagt hatte. Es würde kein Stein auf dem anderen bleiben.

1932, kurz vor der Machtergreifung Adolf Hitlers, hat der Schriftsteller Lion Feuchtwanger einen Roman darüber veröffentlicht unter dem Titel »Der jüdische Krieg«. Thomas Mann, damals große literarische Autorität in Deutschland, nannte ihn „ein vielfältiges, historisch wohlunterrichtetes, klar- und scharfsinniges Werk“. Ich habe es erst 1968 kennen gelernt, als der Rowohlt-Verlag es als Taschenbuchausgabe herausbrachte. Das Buch vermittelt ein plastisches Bild des römischen und jüdischen Lebens aus jener Zeit. Feuchtwanger war Jude. Die Existenz der Christen zu dieser Zeit interessierte ihn daher nur am Rande. Außerdem ist das Wissen über die Lebensumstände der ersten Christen zu seiner Zeit nicht mit den heutigen Erkenntnissen zu vergleichen. Gestützt auf den jüdischen Geschichtsschreiber Josephus Flavius (um 98 n. Chr.), den er zur Hauptfigur seines Romans gemacht hat, gibt er etwas von der Atmosphäre jener dramatischen Jahre wieder, die nicht von der Person Jesu zu trennen sind. Josephus Flavius ist trotz Irrtümer und gezielter Übertreibungen eine wichtige Quelle.

Verhängnisvoller Aufstand

Im Jahre 64 n. Chr. brannte Rom, nicht ganz ein Jahr danach ordnete Kaiser Nero die Ausrottung der Bekenner des Gekreuzigten an, ob Juden oder Nichtjuden. Ein weiteres Jahr (66 n. Chr.) danach brach in Palästina ein verhängnisvoller Aufstand gegen Rom aus, den das Imperium nicht hinnehmen konnte. Den Verantwortlichen in Rom stand noch die schwere militärische Niederlage im Jahre 62 n. Chr. in Kappadozien (heutige Türkei) vor Augen. Dort musste sich ein Abgesandter Neros, Caesannius Paetus, in seinem Lager den überlegenen Parthern ergeben. Sie wurden für Rom immer wieder zu einer tödlichen Gefahr und stoppten lange den weiteren Vormarsch nach Osten, ein Hindernis, das erst Kaiser Trajan (regierte von 98 bis 117 n. Chr.) durchbrach.

Mitte der 50er Jahre n. Chr. hatte ein Ägypter mit 4 000 Mann ebenfalls den Aufstand gegen Rom geprobt. Das Imperium musste auf der Hut sein. Die Gefahr, dass die aufsässigen Juden Schützenhilfe von den Parthern bekommen könnten, lag auf der Hand. Noch nicht vergessen war die Geschichte des Feldherrn Varus einige Jahre nach Christi Geburt, der bei der Erweiterungspolitik des Reiches vom Rhein zur Elbe im Teutoburger Wald scheiterte. Er wurde – durch leichtfertige Fehleinschätzung – von germanischen Stämmen in einen Hinterhalt gelockt und aufgerieben, was Kaiser Augustus in Rom ausrufen ließ: „Varus, gib mir meine Legionen wieder." Immerhin war es ein Zehntel der Streitmacht, die dem Kaiserreich zur Verfügung stand.

Kurz nach 60 v. Chr. geriet das durch Streitigkeiten geschwächte jüdische Land unter römische Herrschaft. Immer wieder kam es zu Konflikten und Versuchen, sich aufzulehnen. Anlass für den Aufstand, der zu einem erbitterten Krieg wurde, lieferte der römische Statthalter Gessius Florus, als er Teile des Tempelschatzes von Jerusalem herausforderte. Eine extremistische Gruppe, die sogenannten Zeloten, riss daraufhin die Führung an sich und ging gnadenlos gegen die Römer vor. Juden, die diese Meinungen nicht teilten, konnten nichts dagegen unternehmen.

Nero schickte den erfahrenen Feldherrn Titus Flavius Sabinus Vespasianus mit drei Legionen nach Judäa. In der Hafenstadt Cäsarea richtete dieser ein erstes Massaker an, weil sich die Stadt den Aufständischen angeschlossen hatte. Vespasianus schlug in Cäsarea sein Hauptquartier auf. In den Jahren von 67 bis 68 zerschlugen seine Legionen von Norden her den Widerstand. Galiläa und Judäa – außer Jerusalem – mussten sich schließlich unterwerfen. Beim Ausbruch des Aufstandes im Jahre 66 n. Chr. dürften Petrus und Paulus in Rom noch gelebt haben. Sie starben wahrscheinlich 67 n. Chr. Auch das spiegelt den engen Zusammenhang zwischen Christenverfolgung und Abneigung gegen die Juden wider.

Der Sturz Neros im Jahre 68 n. Chr. leitete die endgültige Auseinandersetzung ein, denn Vespasianus wurde zum neuen Kaiser ausgerufen. Neuer Oberbefehlshaber wurde sein Sohn Titus. Er bekam drei weitere Legionen zur Unterstützung. Sie errichteten um Jerusalem einen acht

Kilometer langen Wall. Niemand sollte entkommen. Gefangene und Flüchtlinge wurden von den Römern sofort vor den Mauern der Stadt gekreuzigt.

Am 26. September im Jahre 70 n. Chr. war es endlich soweit. Nach vierjährigem Kampf wurde die Stadt erobert, der Tempel geplündert und bis auf die Grundmauern niedergebrannt. Die Klagemauer in Jerusalem ist der Überrest der Westseite des Tempels, vor der Juden heute beten. Einige Generäle sollen gegen die Zerstörung des Tempels gewesen sein, der als einer der größten Bauwerke der Antike galt. Aber Titus blieb unnachgiebig. Man wollte die geistige Heimat der Juden auslöschen, eine Heimat, aus der auch die Christen kamen, die so viel Unbehagen in Rom geweckt hatten. Die jüdischen Gefangenen wurden als Sklaven nach Rom deportiert, viele Juden des Landes verwiesen.

Ein kleiner Rest zog sich unter dem Anführer Eleazar ben-Yaír in die Festung Massada südlich von Jerusalem zurück. Sie wurde von dem Feldherrn Flavius Silvia mit der 15 000 Mann starken 10. Legion belagert und im Jahre 72 n. Chr. auch erobert.

Jesus hatte es 40 Jahre vorher vorausgesehen und Matthäus, Markus und Lukas haben es festgehalten. Bei Markus lesen wir: „Als Jesus den Tempel verließ, sagte einer von seinen Jüngern zu ihm: Meister, sieh, was für Steine und was für Bauten! Jesus sagte zu ihm: Siehst du diese großen Bauten? Kein Stein wird auf dem andern bleiben, alles wird niedergerissen.

Und als er auf dem Ölberg saß, dem Tempel gegenüber, fragten ihn Petrus, Jakobus, Johannes und Andreas, die mit ihm allein waren: Sag uns, wann wird das geschehen, und an welchem Zeichen wird man erkennen, dass das Ende von all dem bevorsteht? Jesus sagte zu ihnen: Gebt acht, dass euch niemand irreführt! Viele werden unter meinem Namen auftreten (unter dem Namen des Messias) und sagen: Ich bin es! Und sie werden viele irreführen. Wenn ihr dann von Kriegen hört und Nachrichten über Kriege euch beunruhigen, lasst euch nicht erschrecken. Das muss geschehen … Wenn ihr aber den unheilvollen Greuel an dem Ort seht, wo er nicht stehen darf – der Leser begreife –, dann sollen die Bewohner von Judäa in die Berge fliehen" (Mk 13, 1-14).

Die Christen, die um die Prophezeiung Jesu wussten, wichen gleich am Anfang des Krieges (66 n. Chr.) nach Pellas, jenseits des Jordan, aus. Bei Markus hatten sie es schwarz auf weiß und bei Lukas auch: „Als er näher kam und die Stadt sah, weinte er über sie und sagte: Wenn doch auch du an diesem Tag erkannt hättest, was dir Frieden bringt. Jetzt aber bleibt es vor deinen Augen verborgen. Denn es wird eine Zeit für dich kommen, in der deine Feinde rings um dich einen Wall aufwerfen, dich einschließen und von allen Seiten bedrängen. Sie werden dich und deine Kinder zerschmettern und keinen Stein auf dem andern lassen, denn du hast die Zeit der Gnade nicht erkannt" (Lk 19, 41-44).

Vier Jahre dauerte der verbissene Kampf in Palästina. Der sich dahinziehende Krieg bedeutete für den Oberbefehlshaber eine Gefahr. In der Armee konnten sich Defätismus, Zweifel am Sieg breit machen. Auch damals wusste man schon etwas von psychologischer Kriegführung und von Motivation der kämpfenden Truppe. Titus, der Feldherr, war ein gebildeter Mann. Er soll sogar die Kurzschrift beherrscht haben. Zu meinen, er hätte das Evangelium nach Lukas, das in seinem Milieu in Rom nicht unbekannt war, nicht gekannt, erscheint naiv. Welche Gelegenheit für Titus, Offiziere und Soldaten darauf aufmerksam zu machen, dass ein jüdischer Prophet (Jesus) den Untergang Jerusalems vorausgesagt hatte. Lukas hätte geradezu eine Kampfanweisung sein können, aber nicht darum ging es, sondern um die Tatsache, dass kein Stein auf dem andern bleiben würde und dass man sogar die Kinder zerschmettern würde.

40 Jahre vorher hat mitten im Tempel Jesus gegenüber seinen Richtern angekündigt, dass fortan er Gericht halten werde. Und er hat Gericht gehalten. Man neigt unter aufgeklärten Christen dazu, Jesus verniedlicht als Bruder-Jesus zu bezeichnen. Aber er ist Herr. Und er hat es am letzten Tag gesagt: „Ihr sagt zu mir Meister und Herr, und ihr nennt mich mit Recht so; denn ich bin es" (Joh 13, 13). Nicht Bruder-Jesus wollte er genannt werden, sondern „Herr und Meister"! Durch Lukas war er vor den Toren Jerusalems dabei: als Richter! Wie er es dem höchsten Gericht, dem Synedrium, angekündigt hatte. Auf dem Titus-Bogen, einem Triumphbogen in Rom, ist es bis heute in Stein gemeißelt. Im Jahre 79 n. Chr. wurde Titus Kaiser. Er ließ die Christen in Ruhe. Vielleicht war das eine Geste des Dankes.

Im Jahre 132 n. Chr. bäumten sich die Juden noch einmal auf. Anlass war eine Anordnung des Kaisers Hadrian (76-138 n. Chr.), die die bei den Juden übliche Beschneidung unter Todesstrafe stellte. Außerdem kündigte er an, dass an Stelle des zerstörten Heiligtums ein Jupitertempel gebaut würde. Unter Führung von Bar Kochba und Akiba ben Josef, einem angesehenen Rabbi seiner Zeit, brach der Aufstand aus. Akiba sah in Bar Kochba den „Erlöser" und nannte ihn Sternensohn. Bar Kochba gelang es, ein beachtliches jüdisches Heer aufzustellen, das die Römer besiegte und Jerusalem zurückeroberte. Er wurde als Messias ausgerufen – wie von Jesus prophezeit – jedoch für nur kurze Zeit. Das jüdische Gesetz, die Thora, bestimmte sein Handeln.

Aber wieder hatten die Aufständischen die Rechnung ohne Rom gemacht. Kaiser Hadrian, ein Mann von politischem Format, holte aus Britannien seinen besten Feldherrn, Julius Severus, und beauftragte ihn mit der Niederwerfung der Aufständischen. Diesmal dauerte es nur zwei Jahre. 134 n. Chr. wurde Jerusalem erobert und abermals zerstört. Bar Kochba zog sich zurück in die Bergfeste Betar, südwestlich von Jerusalem gelegen. 135 n. Chr. wurde durch Verrat das letzte Widerstandsnest bezwungen. Der Anführer fiel im Kampf. Alle Verteidiger wurden ausgeschaltet, die Toten durften nicht einmal begraben werden. Der Aufstand kostete eine halbe Million Menschen das Leben, der Rest wurde von Hunger und Krankheiten dezimiert, die jüdischen Ortschaften dem Erdboden gleichgemacht. Juden durften die Stadt nicht mehr betreten, der Name Judäa wurde abgeschafft, das Land hieß Syria Palästina. Für 1900 Jahre hatten die Juden ihr Land verloren. Die Worte Jesu „Wenn du doch erkannt hättest, was dir Frieden bringt", hatten sich auf eine unvorstellbar tragische Weise erfüllt.

Fragwürdige Kunstgriffe

An der Schwelle zum 21. Jahrhundert ist es ebenso unvorstellbar, wie man im 19. Jahrhundert eine ganze Wissenschaft auf den Kopf stellen konnte, indem man verneinte, dass ein Mensch, also auch Jesus nicht, zu solch einer Prophezeiung fähig ist. Man erfand die Formel „post eventum" (nach dem Ereignis), das heißt, man behauptete, diese Prophezeiung sei Jesus erst nach dem Jahre 70 n. Chr. in den Mund gelegt worden. Dabei bedurfte es wahrscheinlich nur politischer Weitsicht, um eine solche Katastrophe vorauszusehen. Jesus sah den Fanatismus der Zeloten, unter seinen Jüngern hatte er einen, den er von dieser verhängnisvollen Haltung heilen konnte. Jesus besaß einen klaren Blick für die gesellschaftliche Entwicklung, er wusste um die Gefahr für ein Volk, wenn Religion vor die Politik gespannt wird, vor allem vor eine radikale Politik. Die islamischen Extremisten von heute waren damals die Zeloten.

In den 60er Jahren hatte ich in meinem Buch »Das polnische Experiment« versucht, die westliche Welt auf die Dynamik des polnischen Katholizismus aufmerksam zu machen, und die Meinung geäußert, Polen habe mehr zu bieten, als man ihm unterstelle. Der Arbeiterführer Lech Walesa aus Danzig, meiner Heimatstadt, und Karol Wojtyla aus Krakau sollten 15 Jahre später diese Vermutung bestätigen. Kardinalprimas Stefan Wyszynski, der fast 40 Jahre an der Spitze der Kirche Polens stand, hatte vorausgesagt, in Polen werde der Untergang des Kommunismus eingeläutet. Er hat es nicht mehr miterlebt, aber es ist 1989 eingetreten.

Am 7. September 2001 äußerte ich gegenüber dem amerikanischen Heeresminister Thomas White die Befürchtung, dass die menschliche Zivilisation neuen Gefahren ausgesetzt sein könnte und nannte als Beispiel Afghanistan und das Taliban-Regime. Vier Tage später ist es, am 11. September 2001, in New York eingetreten. Zu behaupten, solche Voraussagen seien nicht möglich, mutet merkwürdig an. Es geht hier schlicht und einfach um politische Intuition.

Mindestens diese muss man Jesus zubilligen, wenn man außerhalb der Natur liegende Befähigungen nicht anerkennen will. Offensichtlich lag bei Jesus mehr vor. Bis ins Detail sah er vor seinem geistigen Auge, was sich einmal in und rund um Jerusalem abspielen würde, und brach in bittere Tränen aus.

Die Frage, die sich auch hier aufdrängt, berührt den ganzen Bereich der sogenannten Geisteswissenschaften. Wie stark muss eine ideologische Verblendung sein, wenn sie solche Kunstgriffe gebraucht und wenn sie Behauptungen zum Ausgangspunkt wissenschaftlicher Erörterungen macht. Man muss sich – um den Ausdruck eines Theologen der Universität Cambridge zu verwenden – über die „Dreistigkeit" wundern, mit der hier pure Behauptungen als wissenschaftliche Erkenntnisse verkauft wurden.

Der französische Philosoph Michel Henry schreibt dazu in seinem 1996 in Paris erschienenen Buch »Ich bin die Wahrheit – Für eine Philosophie des Christentums«: „Die Wahrheit eines Textes festzustellen, sein Datum, die Echtheit der Manuskripte, die Ursprungssprache, in der sie geschrieben wurden, bedeutet vom Gesichtspunkt der

Geschichtswissenschaft aus, die Wahrheit der Ereignisse festzustellen, von denen sie Zeugnis ablegen. Die Echtheit der frühesten christlichen Texte (Evangelien), die Kenntnis und Analyse ihrer ersten Bearbeitungen, würde daher ihren Inhalt glaubwürdiger machen, das heißt jenen Strang außergewöhnlicher Ereignisse, die sich um die Person Christi und seine geschichtliche Existenz herumlagern. Von daher rührt beispielsweise das Bemühen der christlichen Analyse, die Entstehung der Originaltexte einem Datum anzunähern, das so nahe wie möglich bei jenem Zeitpunkt liegt, an dem die von ihnen berichteten Ereignisse geschehen sein sollen ... rührt auch das gegenteilige Bemühen der skeptischen Kritik, eine solche Nähe zu bestreiten."

Wie stark der Druck war, der in den 60er und 70er Jahren des 20. Jahrhunderts sogar auf die offiziellen christlichen Kirchen ausgeübt wurde, zeigt die Einheitsübersetzung der Bibel, die 1980 von den deutschsprachigen Bischöfen und vom Rat der Evangelischen Kirche in Deutschland herausgegeben wurde. Im Vorwort zu den einzelnen Evangelisten heißt es bei Matthäus: „Das Evangelium setzt den Untergang Jerusalems (70 n. Chr.) voraus (warum eigentlich?); es ist wohl um 80 n. Chr. verfasst worden, und zwar vermutlich in Syrien (eher als in Palästina). Seinem Inhalt ist zu entnehmen, dass es in einem Gebiet entstanden sein muss, in dem Christen und Juden zusammenlebten. Als Verfasser nimmt man heute einen uns nicht näher bekannten judenchristlichen Lehrer an, der noch Schüler der Apostel war."

Zu Markus heißt es: „Ebenfalls nach altkirchlicher Überlieferung schrieb er sein Evangelium in Rom. Es steht in zeitlichem Zusammenhang mit der Zerstörung Jerusalems (warum eigentlich?) und ist deshalb um 70 n. Chr. verfasst, und zwar für Heiden und Heidenchristen.“

In der Einleitung zu Lukas lesen wir: „Er blickt auf den Untergang Jerusalems zurück und erwartet die Wiederkunft Christi nicht mehr als unmittelbar bevorstehend. Die Abfassung des Evangeliums (wie der Apostelgeschichte) fällt wohl in die Jahre 80-90. Ob es in Kleinasien oder in Griechenland entstanden ist, lässt sich nicht sicher bestimmen.“

In katholischen Kirchenblättern konnte man zum Ausklang des 20. Jahrhunderts diese Verirrung in Hochform erleben. In ihrer Ausgabe vom 31. Januar 1999 brachten die drei hessischen Bistumsblätter einen Beitrag unter dem Titel: »Paulus ist der einzige Augen- und Ohrenzeuge«. In einem Interview gab die Schwandorfer Theologin R. Radbeck-Ossmann (40) Auskunft über ihre Untersuchungen zur Rolle und Position des Petrus in der Urkirche. Bei der Erörterung des Petrusamtes sagt sie u.a.: „Bisherige Untersuchungen haben sich meist auf die Aussagen der Evangelien und der Apostelgeschichte berufen. Das aber sind Quellen der späteren, der nachapostolischen Zeit. Und wie man weiß, hat die Verehrung Petri nach seinem Tod derart zugenommen, dass uns in diesen späteren Quellen weniger der historische Petrus als vielmehr ein von den christlichen Gemeinden überhöhtes Petrus-Bild begegnet.“

Diese faustdicke Fehleinschätzung ist – was man in Cambridge schon 20 Jahre früher nachgewiesen hat – mit nichts zu belegen. Was „nachapostolisch“ entstanden ist, rückt nämlich in den Bereich der Legendenbildung (Theologen nennen es Glauben der Gemeinde), weshalb Radbeck-Ossmann denn auch naiv einen draufsetzt, wenn sie von der Entstehung des Petrus-Bildes spricht. Ähnliches wird in Europa von der Entstehung des Thomas-Bildes in Südindien behauptet.

Gleich darunter beantwortet die Redaktion eine Frage zu den Unterschieden zwischen Matthäus und Lukas. Darin heißt es: „Sie (die Evangelisten) sind weder Berichterstatter noch Historiker, sondern Zeugen des christlichen Glaubens (sprich: Legende) an den des gekreuzigten und auferstandenen Herrn in einer Zeit etwa 50 Jahre nach dem Tod des Jesus von Nazareth.“ Mit anderen Worten, die Evangelien seien erst um das Jahr 80 n. Chr. entstanden.

Das Bistumsblatt von Paderborn »Der Dom« vertrat in dieser Zeit die gleiche Linie. Unter dem Titel: »Warum schrieb Gott nicht selbst?« wurde eine Aufklärungsserie über die Quellen des christlichen Glaubens, also über die Bibel, angekündigt. Was in die Texte hineingeschleust wurde, entsprach der Ideologie der bibelkritischen Schule. So heißt es u.a.: „Sie möchten wissen: Was ist wahr? und meinen damit: Was ist wirklich geschehen? Doch dieser Frage entzieht sich die Bibel. Das mag für manche enttäuschend klingen, aber noch enttäuschender wäre es, wenn die Geschichten der Bibel nur historische Wahrheiten wären, die vor langer Zeit einmal passiert sind. Denn das würde mindestens bedeuten, dass die Zeiten, in denen Gott in das Weltgeschehen mit großen, wundersamen Zeichen eingriff, vorbei seien." Und etwas weiter heißt es: „Wenn aber die Bibel ein Buch von Glaubenserfahrungen ist, dann und nur dann ist sie heute noch gültig."

Was bei diesen publizistischen Erläuterungen stört, ist nicht nur die dogmatische Art – „dann und nur dann" –, sondern die Verachtung für das historische Denken. Für den schlichten Leser ist es schwer, die Doppelzüngigkeit solcher Gedankengänge zu durchschauen. Im Klartext heißt das nämlich: „Unser Glaube stützt sich nicht auf die Verkündigung Jesu, nicht auf die Verkündigung der Apostel, der zuverlässigsten Zeugen der Ereignisse um den historischen Jesus, sondern wir glauben an die Glaubenserfahrung der zweiten und dritten Generation nach den Aposteln, die keine konkrete Erinnerung an den historischen Jesus mehr hatte." Wobei „Glaubenserfahrung" sehr leicht mit „Sagenbildung" zu verwechseln ist.

Prof. Dr. Klaus Motschmann (Berlin), evangelischer Christ, bringt das mit leicht ironischem Unterton auf die Formel: „Wir glauben an den Glauben der Gemeinden (in der dritten Generation nach Jesus). Die geschichtliche Wahrheit spielt in diesen Überlegungen keine Rolle. Das wird überdeutlich gesagt. Was ist wirklich geschehen? Dieser Frage entzieht sich die Bibel."

Die angeführten Beispiele können dem Leser vor Augen führen, wie weit man sich in manchen christlichen Kirchenprovinzen vom geschichtlichen Denken entfernt hat. Stärke und Glaubwürdigkeit des Christentums war stets die geschichtliche Rückkoppelung. Erst die Geschichte hilft, gesunde Glaubenserfahrung von Einbildungen zu unterscheiden. Ein Christentum, das seinen verkündeten Glauben von der Geschichte trennt, begeht langfristig – wie man am Beispiel der Entwicklung in der zweiten Hälfte des 20. Jahrhunderts sieht –, sogar mittelfristig sichere Selbstauflösung.

Nicht erst nach der Zerstörung des Tempels von Jerusalem ist es zu Niederschriften über das Leben Jesu gekommen, sondern lange vorher. Jede andere Behauptung setzt sich dem Vorwurf dogmatischer Willkür aus. Wären die Evangelien erst nach dem Jahre 70 n. Chr. entstanden, so hätten sie die Zerstörung der Stadt, die Judentum und Christentum in der ganzen damaligen Welt tief erschüttert haben dürfte, als bereits geschehen in Erinnerung bringen können. Es ist psychologisch vollkommen uneinsichtig, warum dieses Ereignis Jesus erst im Nachhinein in den Mund gelegt worden sein soll, es sei denn, man betrachtet diese Berichte als von A bis Z erfunden, was absurd erscheint. Wir haben es bei den Kritikern mit einer Art von Geschichtsfälschung zu tun, die eher zum Marxismus oder zum Nationalsozialismus gepasst hätte als zu Männern, die sich als Bibelwissenschaftler verstanden.

Die Zerstörung des Tempels von Jerusalem durch die Römer im Jahre 70 n. Chr. ist in ihrer historisch-philosophischen Bedeutung noch nicht aufgearbeitet, auch nicht der Zusammenhang zwischen den Ereignissen im Jahre 65 n. Chr. in Rom und den tragischen Vorgängen in Palästina im Jahre 70 n. Chr.

Der Kindermord von Bethlehem

Zum Auftakt des neuen Jahrtausends, es war am letzten Sonntag des Jahres 2001, wohnte meine Familie einem Gottesdienst bei. Der Prediger gab sich große Mühe, er sprach gepflegt und war gut vorbereitet. Das Thema war durch den Tag vorgegeben. Es war die Flucht der Eltern Jesu, Maria und Josef, nach Ägypten. König Herodes trachtete dem Kind nach dem Leben. Sehr eindrucksvoll schilderte der Redner die Reisestrapazen zur damaligen Zeit, zumal für Verfolgte. Es ist die Geschichte, wie Matthäus sie in seinem Buch festgehalten hat. Zum besseren Verständnis des ganzen Problems soll der Evangelist hier zitiert werden:

„Als Jesus zur Zeit des Königs Herodes in Bethlehem in Judäa geboren worden war, kamen Sterndeuter aus dem Osten nach Jerusalem und fragten: Wo ist der neugeborene König der Juden? Wir haben seinen Stern aufgehen sehen und sind gekommen, um ihm zu huldigen. Als König Herodes das hörte, erschrak er und mit ihm ganz Jerusalem." Nachdem Herodes sich über alles informiert hatte, ließ er die prominenten Gäste zu sich kommen und gab ihnen Anweisung, nach Bethlehem zu gehen. So sei ihm von jüdischen Gelehrten gesagt worden. „Und der Stern, den sie hatten aufgehen sehen, zog vor ihnen her, bis zu dem Ort, wo das Kind war."

Im Traum erhielten sie Anweisung, nicht zu Herodes zurückzukehren. Auch Josef erhielt im Traum eine Aufforderung: „Steh auf, nimm das Kind und seine Mutter und flieh nach Ägypten. Dort bleibe, bis ich dir etwas anderes auftrage; denn Herodes wird das Kind suchen, um es zu töten“ (Mt 2, 13). „Als Herodes merkte, dass ihn die Sterndeuter getäuscht hatten, wurde er sehr zornig und ließ in Bethlehem und der ganzen Umgebung Knaben bis zum Alter von zwei Jahren töten“ (Mt 2, 16).

Zum Abschluss entschlüpfte dem Prediger eine Äußerung, die die Wirkung seiner Verkündigung zunichte machte. Wie in einem Nebensatz bemerkte er: „Heute wissen wir ja, dass der Kindermord von Bethlehem ein Mythos ist.“ Damit ließ er es bewenden. Keine Begründung, keine nähere Erläuterung. Der zitierte Geistliche steht mit seiner Meinung nicht allein. Sie ist nicht nur auf Hochschulen, in Redaktionen, sondern auch in Kirchenkreisen häufig anzutreffen. Die Ablehnung reicht von der Zuordnung in die Kategorie der „Lügen der Weltgeschichte“ bis zu der Legende. Da ist von „unbewiesenem Kindermord“ die Rede bis hin zu Urteilen wie „wahrscheinlich nie gegeben“. Dabei bleibt man selbst den Beweis für Ablehnung schuldig, operiert also mit einer unbewiesenen Verneinung.

Eine der oft angeführten Begründungen für den angeblich legendären Ursprung der blutigen Ereignisse in Bethlehem ist der Hinweis, dass der jüdische Geschichtsschreiber Josephus Flavius ihn nicht erwähnt. Dabei ist möglicherweise gerade dieses Verschweigen ein brauchbares Indiz, dass sie stattgefunden haben. Flavius schrieb im Dienste der römischen Kaiser, gegen Ende des ersten Jahrhunderts. In dieser Zeit hatte es bereits zwei böse Christenverfolgungen in Rom gegeben, die sich auf kaiserliche Dekrete stützten.

Hätte Flavius das blutige Handwerk des Herodes in Bethlehem erwähnt, wäre er nicht umhin gekommen, mehr über das Kind Jesus – um das es letztlich ging –, und dessen späteres Wirken als erwachsener Mann zu schreiben. Damit hätte er gegen jede Staatsräson verstoßen und sich die Gunst der Kaiser verscherzt, von der er lebte und in deren Schatten er überhaupt schreiben konnte. Aus für sich also guten Gründen verschweigt Josephus Flavius die Existenz der Christen, obwohl es um sie gerade in Palästina und lange vor dem Ausbruch des Jüdischen Krieges immer wieder Turbulenzen gegeben hat, vor allem in Jerusalem.

Man stößt übrigens auf ein ähnliches taktisches Verschweigen auch auf anderen Gebieten in wissenschaftlichen, populärwissenschaftlichen und literarischen Veröffentlichungen. Es wird je nach Bedarf unterlassen, verschwiegen, abgewertet oder aufgewertet. Das hat mich seit der Mitte meines Lebens irritiert. Eine der wichtigsten Nebenfunktionen des menschlichen Erinnerungsvermögens ist das Selektieren, Verdrängen, das Auf- oder Abwerten. Es verrät sich in der oft gebrauchten Formulierung von der „guten, alten Zeit". Diese alte Zeit war keineswegs gut und schon gar nicht besser als die spätere. Man denke nur an die unzähligen Krankheiten und Epidemien, von denen die Menschen heimgesucht wurden und denen sie hilflos ausgeliefert waren.

Unholde der Geschichte wie Kaiser Nero und König Herodes werden rehabilitiert. Für mich war stets ein Rätsel, warum Kaiser Napoleon, der für seine politischen Ambitionen die Blüte der Jugend Frankreichs geopfert hat, im Invalidendom in Paris beigesetzt werden konnte. Er war viele Jahre nach seinem Tode zum Mythos Frankreichs geworden. Dieser Mythos war stets ein Flecken auf meiner Verehrung für die französische Kultur. Von dem großen Ludwig van Beethoven zunächst verehrt, ist er später für ihn zum Ärgernis geworden.

Bei der Bewertung des Kindermordes von Bethlehem offenbart sich ferner, wie bei anderen Ereignissen aus dem Leben Jesu, einfach ein Defizit an biblischer Archäologie im weitesten Sinne. Es ist die Entmythologisierungstheorie von Bultmann. Merkwürdig, dass andere Massenmorde dieser Art aus dieser Zeit und im gleichen Lande nicht in Frage gestellt werden. Aber bleiben wir zunächst bei Herodes.

Im Jahre 40 v. Chr. konnte Herodes beim römischen Senat erreichen, ihm in Palästina wenigstens den Kern des hasmonäischen Reiches zuzubilligen. Die Hasmonäer, eher als Makkabäer bekannt, hatten um die Mitte des zweiten Jahrhunderts v. Chr. einen erfolgreichen Kampf gegen die Überfremdung durch die griechische Kultur aufgenommen. Diese war von syrischen Herrschern brutal durchgesetzt worden. Die religiöse jüdische Kultur sollte ausgelöscht werden. Diesen Versuch konnten die Hasmonäer brechen. Sie genossen daher auch nach ihrem Verschwinden ein hohes Ansehen im jüdischen Volk.

Herodes war Idumäer, also nur Halbjude, außerdem bürgerlicher Herkunft. Um sein Ansehen bei den Juden zu fördern, heiratete er sogar eine Nachkommin der Hasmonäer, Mariamne, die er sehr liebte, was ihn nicht daran hinderte, sie später aus politischen Gründen umzubringen.

Zur Absicherung seiner Herrschaft hatte er zum Auftakt der Regierung fünfundvierzig vornehme Parteigänger der Hasmonäer hinrichten lassen. Ihr Vermögen beschlagnahmte er. Rom ließ ihn gewähren. Man war es bei orientalischen Fürsten gewöhnt. Außerdem war man in kaiserlichen Palästen des Imperiums bei Gattenmorden und bei der Beseitigung politischer Gegner ebenfalls nicht zimperlich.

Eine weitere Parallele zu dem Kindermord von Bethlehem bildet die Geschichte und das Vorgehen des römischen Feldherren Publius Quinctilius Varus. Nach dem Tode Herodes des Großen (der den Kindermord befahl) teilte Rom sein Reich unter seine drei Söhne auf: Archelaus, Herodes Antipas II., Philipp. Keinem wurde, wie dem Vater, der Königstitel zugesprochen. Sie durften sich Tetrarchen nennen, Fürsten über jeweils einen Teil des Landes. Keiner der Söhne konnte sich mit dem politischen Instinkt und dem Durchsetzungsvermögen des Vaters messen.

Deshalb brachen unter ihnen große Unruhen aus und erschütterten ganz Palästina. In Galiläa stürmte ein Mann namens Judas, Sohn des Hezekias, den Palast in Sepphoris – nur fünf Kilometer von Nazareth entfernt – und räumte die ganze Waffenkammer aus, um die Beute unter seine Anhänger zu verteilen. Daraufhin befahl Kaiser Augustus seinem Oberbefehlshaber in Antiochien, Varus, die Ordnung wieder herzustellen. Dieser marschierte mit drei Legionen in Palästina ein und griff gnadenlos durch.

2000 der Aufständischen wurden entlang der Straßen gekreuzigt, darunter auch Mitglieder der Königsfamilie, die den Aufstand unterstützt hatten. Sepphoris wurde geplündert und dem Erdboden gleichgemacht.

Noch 60 Jahre später, beim Ausbruch des Jüdischen Krieges im Jahre 66 n. Chr., muss die Erinnerung an die Zerstörung so lebendig gewesen sein, dass man nicht ein zweites Mal das Risiko einer Verwüstung eingehen wollte. Im Jahre 67 n. Chr. öffnete man dem römischen Feldherrn Vespasian die Stadttore. Nach der Zerstörung des Tempels in Jerusalem siedelten sich viele Juden in Sepphoris an.

Im Schatten von Sepphoris

Jesus könnte zur Zeit des Varus mit seinen Eltern noch in Ägypten gewesen sein. Als Herodes Antipas aus Rom zurückkam, wo er sich seine Würde als Tetrarch bestätigen ließ, baute er Sepphoris wieder auf und machte es zu seiner Hauptstadt. Der Monarch und Jesus lebten nur wenige Kilometer voneinander entfernt, aber sie sind sich wahrscheinlich nur einmal begegnet, als man Jesus nämlich in Jerusalem den Prozeß machte.

In Sepphoris wurden in den letzten 20 Jahren des 20. Jahrhunderts bedeutende Ausgrabungen gemacht, die ein Licht auf die Umwelt Jesu werfen. Hunderte von Münzen wurden gefunden, Säulen, die Überreste des Theaters, das etwa 4000 Besucher fassen konnte. Die Stadt dürfte um die 30000 Einwohner gehabt haben. Und Josephus Flavius nennt sie das „Kleinod von Galiläa“. Es besteht kein Zweifel, dass sowohl Josef als auch Jesus in Sepphoris

Arbeit gefunden haben. Zumal die Berufsbezeichnung „Zimmermann“ weiter gefasst war, sie waren schlichtweg Baumeister.

Vergleiche und Bilder, die Jesus benutzte, zeigen, dass ihm sowohl die Welt des Theaters als auch die der Paläste vertraut waren. In Sepphoris wohnten Juden, Griechen, Römer und Araber. Es war demnach eine kosmopolitische Stadt. Von dort kam Johanna, eine Anhängerin Jesu, die ihm auf seinen Streifzügen durch das Land folgte, die Frau des Chuza, des Schatzmeisters am Königshof.

Varus galt trotz der drakonischen Strafen gegen die Aufständischen nicht als Unhold. Zeitgenossen bescheinigen ihm ein mildes Gemüt und ein ruhiges Temperament. Er kam aus einer vornehmen Familie. Allerdings sagte man ihm eine große Schwäche gegenüber dem Geld nach. Er sei als „armer“ Mann in das wohlhabende Syrien gekommen, als reicher habe er ein armes Syrien hinterlassen.

Einige Jahre später ernannte ihn Kaiser Augustus zum Statthalter von Germanien. Es sollte sich als große Fehlentscheidung herausstellen. Varus hatte sich im Osten und in Afrika (Tunesien) als guter Verwaltungsfachmann bewährt. Ein guter Militärstratege war er nicht. Gegenüber den Germanen bewies er wenig politisches Geschick. Überstürzt wollte er ihnen das römische Rechtswesen aufzwingen und Steuererhebungen einführen, was den Germanen unbekannt war. Als Volk verachtete er sie. Außer der menschlichen Stimme und den Gliedern hätten sie nichts Menschliches an sich.

Im Jahre 9 n. Chr. kam es zu einem Aufstand, den Varus niederschlagen wollte. Er wurde in einen Hinterhalt gelockt, seine drei Legionen und sechs Hilfskontingente aufgerieben. Quinctilius Varus und seine Offiziere nahmen sich das Leben. Es war ausgerechnet der Cherusker Arminius, der in Rom großes Vertrauen genoss, auch das des Varus, der ihm in den Rücken fiel und seine Legionen vernichtete.

Um diese Varusschlacht haben sich Mythen gerankt, verkörpert im Hermannsdenkmal im Teutoburger Wald. Bisher wurden 20 Millionen Besucher registriert. Es wurde 1875 eingeweiht, in der Zeit der nationalen Mythenbildungen. Erbauer war Ernst von Bandel. Bei der Einweihung war alles anwesend, was Rang und Namen hatte. Es entsprach dem Geist der Zeit, wenige Jahre nach der Reichsgründung. Nach dem Zweiten Weltkrieg wurden Stimmen laut, das Denkmal wieder abzureißen. In der Bibelkritik fand diese Mythenbildung vordergründig unter einem genau entgegengesetzten Leitstern statt – unter dem Motto der „Entmythologisierung“. Die Kreierung neuer Mythen lässt sich – wie man sieht – schnell als das Gegenteil, nämlich als Entmythologisierung, tarnen.

Jesus war damals 16 Jahre alt. Bei dem großartigen Straßennetz waren die Menschen des Römischen Imperiums zu einer mobilen Gesellschaft geworden. Das Informationswesen war gut ausgebildet. Von der Niederlage des Varus in Germanien dürfte man in Nazareth bald erfahren haben. Mit seinem Namen waren Zerstörung und deshalb auch Aufbau der benachbarten Stadt Sepphoris verbunden, an dessen Wiederaufbau und Verschönerung man immer noch arbeitete.

Keinem geschichtsorientierten Menschen käme es in den Sinn, die Person des Quinctilius Varus in Frage zu stellen und noch weniger die Massenmorde, zu denen er sich hinreißen ließ, vor allem die in Sepphoris, in der Nähe von Nazareth. Politisch motivierter Mord, auch politischer Massenmord, überraschte niemanden. Der Kindermord von Bethlehem, angeordnet von Herodes dem Großen, war gering – etwa 40 Kinder – im Vergleich zur Kreuzigung von 2000 erwachsenen Aufständischen in und rund um Sepphoris. Bethlehem lag im Ausstrahlungsbereich von Jerusalem, einer Weltmetropole, in der das ganze Jahr hindurch Pilger aus der ganzen Welt eintrafen, nicht nur erfüllt mit religiösem Eifer, sondern auch mit Informationen. Niemand hätte wagen können, öffentlich wegen der Beseitigung von 40 Kindern gegen Herodes zu wettern, wenn er nicht sein eigenes Leben aufs Spiel setzen wollte.

Das negative Hinterfragen bei biblischen Ereignissen, vor allem aus dem Neuen Testament, hat keine wissenschaftlichen Gründe, sondern psychologische. Die Kreuzigung von 2000 Menschen in der Nähe von Nazareth wird nicht in Frage gestellt (weil sie nichts mit Jesus zu tun hatte), der Kindermord von Bethlehem, knapp zehn Jahre davor, wird – und das in christlichen Gotteshäusern – mit einem Fragezeichen versehen.

In einem Gemeindebrief einer evangelischen Pfarrei in Norddeutschland wurde im März 2003 die Frage gestellt: „Wie konnte Gott das (den Kindermord) zulassen?“ Und manch einer könnte vielleicht hinzufügen wie Albert Camus: „Einem solchen Gott, der das geschehen lässt, kann ich nicht vertrauen, dem kann ich nicht glauben." Die Antwort der Verantwortlichen kam von leichter Hand: „Nun, die Geschichte vom Kindermord in Bethlehem ist eine Legende. Diese Untat hat nicht stattgefunden … außerdem merkt der aufmerksame Leser des Matthäusevangeliums sehr schnell, dass hier die frühe Kindheit Jesu nach dem Vorbild der Mosegeschichte legendarisch erzählt wird."

So leicht kann man es sich beim geringsten Erklärungsnotstand machen – alles ist nur Legende –, von Mose bis Jesus. Diese Deutung offenbart eine totale historische Verkennung der Persönlichkeit Jesu, seiner Verkündigung und seiner Mission. Die Kinder von Bethlehem waren nicht die einzigen und nicht die letzten, die für Jesus starben. Im Laufe der Geschichte sind es Millionen und Abermillionen, die ihnen gefolgt sind – und viele, sehr viele durchaus freiwillig.

Die gleiche Frage wurde im Hinblick auf unsere Zeit auch zum „Holocaust", zu Auschwitz, gestellt. Warum hat Gott das zugelassen? Wieso Gott? Muss man nicht eher fragen, warum hat der Mensch das zugelassen, wir, die Generation unserer Väter und Großväter? Auch hier fehlt es nicht an Versuchen, den Völkermord zur Legende abzustempeln, den es eigentlich nicht gegeben hat, weil man dem Problem von Schuld und Sühne ausweichen möchte.

Es besteht kein rationaler Grund, den Kindermord von Bethlehem anzuzweifeln, ebenso wenig wie die Kreuzigung Jesu vor den Toren Jerusalems, die für nach der Wahrheit Suchenden vor allem ein Mysterium bleibt, kein Mythos. Genauso stellt letzten Endes das ganze Universum für uns ein Rätsel dar. Wer es als Naturwissenschaftler anders sieht, muss sich ständig korrigieren, oder er wird von anderen korrigiert.

Jesus der Jude

Einer der Gründe, warum ich zu den Spekulationen und Thesen der Bibelwissenschaftler inneren Abstand halten konnte, waren Erfahrungen, die bis in meine Kindheit zurückgingen. Das Schicksal hat es gewollt, dass ich in einer Familie groß geworden bin, die sich zu den damaligen politischen und ideologischen Verirrungen kritisch verhielt. Sie hat dafür bitter bezahlt, denn bei Ausbruch des Zweiten Weltkrieges, am 1. September 1939, wanderte sie in ein Konzentrationslager. Ich selber war gezwungen, die Umwelt sorgfältig zu beobachten. So staunte der Junge nicht selten, wenn er bei Autoritätspersonen wie Ärzten, Lehrern, Offizieren, sogar Geistlichen bemerken musste, wie sie leichtfüßig in den Denkstrom ihrer Zeit gerieten. Noch größer wurde sein Unbehagen, als er nach dem Zusammenbruch des Systems bei Wissenschaftlern Vorstellungen entdeckte, die ihn an die dunkelste Zeit seiner Jugend erinnerten.

Mit den Jahren lernte er allerdings auch, barmherzig zu sein. Ob man auf der Seite des Irrtums heranwächst oder auf sicheren Pfaden, ist eben oft schicksalhaft und weder Verdienst noch Schuld. Das schien mir auch bei Bibelwissenschaftlern der Fall zu sein.

Im Jahre 2001 erschien in den Vereinigten Staaten das umfangreiche Werk von John P. Meier »A marginal Jew« (»Ein Jude am Rande«) – Überdenken des historischen Jesus. Das 693 Seiten zählende Werk ist der dritte Band einer Serie zum historischen Jesus. Beherrschte im 19. und in den Anfängen des 20. Jahrhunderts vor allem die Frage nach den Wundern Jesu die Debatte, so wird es seit Beginn der sogenannten „dritten Welle" in der Jesus-Forschung um 1970 zunehmend das jüdische Umfeld Jesu, seine Einbettung in das jüdische Denken und in die jüdische Kultur. Als „erste Welle" bezeichnet man die protestantische Forschung im 19. Jahrhundert, als „zweite Welle" die Bultmann-Schule im 20. Jahrhundert.

Vergleicht man die beeindruckend gediegenen Werke von J. P. Meyer, Theologe an einer amerikanischen Universität, mit den Arbeiten der protestantischen Bibelwissenschaftler in Deutschland, so wirken diese in ihren Überlegungen zum Teil naiv, in sich widersprüchlich, sehr weltfremd. Ein menschliches Individuum sei nicht zu verstehen, so Meyer, wenn man es isoliert betrachte. Das gelte um so mehr für eine charismatische Gestalt, deren ganzes Wirken auf soziale Beziehungen ausgerichtet ist. Immer häufiger stößt man deshalb auf Titel wie »Jesus der Jude«, »Die Religion des Juden Jesus« u.ä. Es hat fast den Anschein, als wolle man damit die Vernachlässigungen der ersten und der zweiten Welle im Protestantismus nicht nur korrigieren, sondern anklagen.

Meyer untersucht im einzelnen nicht nur die Beziehungen Jesu zu Gruppen, die ihm wohlgesonnen waren, die Volksmassen, die Jünger im weiteren Sinne, die Gruppe der Zwölf (Apostel), die Frauen, die ihm folgten, Johannes den Täufer, der zum Umdenken aufrief, sondern auch zu jenen, die ihm kritisch bis feindlich gegenüberstanden. Das waren die Parteien der Sadduzäer, die sich mit der Besatzungsmacht Rom eingerichtet hatten, die Pharisäer, die den Nationalismus pflegten, die Herodianer, Parteigänger des Königs Herodes, die Römer, die Samariter, ein Volksstamm, der seinen eigenen Tempel zwischen Judäa im Süden und Galiläa im Norden errichtet hatte, und deshalb von den rechtgläubigen Juden verachtet wurde, die Priesterkaste, die Schriftgelehrten und die Zeloten (politische Extremisten). Eine Sonderstellung nahmen die Essener ein, eine Bewegung, die Abstand zu den Tempelpriestern wahrte, die sie für korrupt hielten, und die versuchte, nach dem Gesetz des Mose zu leben. Sie stand Jesus möglicherweise freundlich gegenüber.

Man ist verblüfft über die Offenheit, mit der an die jüdische Gedankenwelt Jesu herangegangen und wie sie durchleuchtet wird. Solche Arbeiten waren im Deutschland des 19. und des 20. Jahrhunderts undenkbar. Man muss sich dessen bewusst sein, um zu erkennen, warum Bibeltheologen von dieser Welt Jesu nichts wissen wollten, ja sie verdrängten. Der massiv vorherrschende Antisemitismus machte es jedem Wissenschaftler unmöglich, Jesus zu sehen, wie er war. Der Einfluss von gesellschaftlichen Strömungen und von politischen Ideologien sogar auf die Naturwissenschaften ist inzwischen hinlänglich bekannt. Noch mehr sind einem solchen Druck Geisteswissenschaften, wie Bibelkritik und Theologie, ausgesetzt. Im vorausgegangenen Kapitel »Wurzel der geistigen Verwirrung«, wurde es bereits angedeutet. Hier nun weitere Beispiele.

Seit den 70er Jahren des 19. Jahrhunderts wurde der Antisemitismus „modern", in Frankreich und Österreich mehr noch als in Deutschland, aber in Deutschland bekam er bald weltanschauliche Züge. Er nahm „wissenschaftlichen" Charakter an. Als Folge der über Jahrhunderte praktizierten Berufsbeschränkung für Juden waren diese gezwungen, sich auf den Handel zu konzentrieren. Das erwies sich für sie zu Beginn der Industrialisierung als Vorteil. Sie drangen in das Bankenwesen ein und in die freien Berufe. Unter Schülern und dann unter Akademikern waren sie überrepräsentiert, was zusätzlich zur Entstehung von Neidkomplexen führte. Das Anderssein der Juden wurde für alle zum Problem.

Die Wirtschafskrise Mitte der 70er Jahre förderte den Antisemitismus, weil sie als die Urheber der Krise hingestellt werden konnten. Parolen wie „die Juden sind unser Unglück“ oder „das Gute ist das Deutsche, das Fremde das Böse“ tauchten auf und konnten sich bis 1945 halten.

Der Geschichtsschreiber Heinrich von Treitschke (1834-1894) hat mit seinem fünfbändigen Hauptwerk »Deutsche Geschichte« das Geschichtsbild des Bürgertums entscheidend geprägt. Er wollte nicht nur darstellen „wie es war“, sondern auch politisch erziehen, ein Musterbeispiel für den Missbrauch der Geschichtsforschung. Sein Antisemitismus, verbunden mit Nationalismus, hat entscheidende Auswirkungen auch auf den späteren Nationalsozialismus gehabt.

Der Historiker bekam Schützenhilfe von Vertretern anderer Bereiche. 1850 erschien Richard Wagners Kampfschrift »Das Judentum in der Musik«, zunächst anonym, ab 1869 unter seinem Namen. Diese Schrift ist ein leidenschaftlicher, von haarsträubenden Vorurteilen geprägter Angriff. Juden könnten weder richtig deutsch sprechen noch singen und seien vollends untauglich für die Bühne. Sie seien das Gegenteil des germanischen

Lichthelden. Der Untergang wäre die beste Form der Erlösung für sie. So wurde Hitlers „Endlösung" lange vorher geistig vorbereitet.

1855 und 1864 erschienen die Romane von Gustav Freytag »Soll und Haben« und Wilhelm Raabes »Hungerpastor«. Es waren die meistgelesenen Bücher der bürgerlichen Ära. Diese Bücher heizten die insgesamt anwachsende antisemitische Stimmung zusätzlich an.

Auf die Theorie folgte die politische Praxis. 1903 gründete der evangelische Prediger Adolf Stöcker die Christlich-Soziale Partei. Er forderte u. a. ein Verbot für die Einwanderung von Juden, ihr Einfluss sollte auf allen Gebieten des öffentlichen Rechts zurückgedrängt werden. Bei den Offiziellen verlor er zwar am Ende an Ansehen, aber das Echo seiner Meinungen in der Öffentlichkeit blieb lebendig.

Andere lösten ihn ab und versuchten ihn sogar zu übertrumpfen. 1924 wurden 184 Synodalen auf der Evangelischen Dekanatsbezirkssynode in München vor der jüdischen Weltverschwörung gewarnt. 1926 schrieb die Zeitschrift »Licht und Leben«, ein überregionales Wochenblatt mit einer Auflage von 18 000 Exemplaren, von der „wohlbegründeten Abneigung der Völker gegen die Juden". Herausgeber war Pastor Joseph Ganger, Inspektor der Evangelischen Gesellschaft für Deutschland. 1927 forderte das Blatt offen die Förderung von Gewohnheiten unter deutschen Ariern, bei Juden nicht einzukaufen.

Um die gleiche Zeit veröffentlichte der Theologe Hans Meiser, Direktor des Evangelischen Predigerseminars in

Nürnberg, eine Dokumentation unter dem Titel: »Die evangelischen Gemeinden und die Judenfrage«. Die Moral der Juden bezeichnete er als stinkende Unmoral. Ihm pflichtete der einflussreiche Erlanger Theologieprofessor Paul Althaus bei, der antisemitische Ideen vertrat und 1933 die Machtergreifung durch Adolf Hitler begrüßte.

1928, also fünf Jahre davor, ist ein Vorgang an der Universität Erlangen für unsere Betrachtung erhellend. Im Dezember fanden an der dortigen Universität die ASTA-Wahlen statt. Bei dieser Wahl gewann der Nationalsozialistische Deutsche Studentenbund (NSDStB) 30 Prozent der Stimmen. 36,3 Prozent der Mitglieder des NSDStB waren evangelische Theologiestudenten, obwohl ihr Anteil an der Gesamtstudentenschaft nur 21,3 Prozent betrug. Noch düsterer soll es, was die Rolle der evangelischen Theologiestudenten angeht, an den Universitäten in Marburg, Göttingen, Münster, Kiel und Rostock ausgesehen haben.

Im Auftrag der Evangelischen Kirche Deutschlands erstellte der Theologe Walther Künneth 1934 ein Gutachten, in dem es u.a. hieß: „Die Kirche hat sich dafür einzusetzen, dass die Ausschaltung der Juden als Fremdkörper im Volksleben sich nicht in einer dem christlichen Ethos widersprechenden Weise vollzieht." Entgegengesetzte Richtungen im Protestantismus, die „Deutschen Christen", dem Regime treu ergeben, und die „Bekennende Kirche", regimekritisch, hatten dennoch einen gemeinsamen Nenner, sie befürworteten die Judendiskriminierung und Verfolgung.

Bis in die lautersten Bewegungen und Kreise hinein konnte diese geistige Verengung Eingang finden. Erich Sauer (1898-1959) gilt bis heute als herausragender Theologe der Brüderbewegung, einer Gemeinschaft, die urchristliche Brüderlichkeit verwirklichen will. Er pflegte internationale Kontakte, interessierte sich für die Naturwissenschaften, war ein weitgereister Mann. 1937 wurde ihm die Studienleitung der Wiedenester Bibelschule im Rheinland anvertraut.

Trotz seiner Gegnerschaft zu den Nationalsozialisten verfiel er dennoch ihrer Rassentheorie. 1939 schrieb er nach einer Amerikareise für die Zeitschrift »Gnade und Frieden«: „Wir waren heute früh so ganz in Deutschland. Schon um 5.30 Uhr standen wir auf, um die große Rede unseres Führers zu hören. Welche Erquickung für ein wahrheitsliebendes deutsches Herz." In seiner Begeisterung über den Führer passte er sich dem breiten Strom der Zeit an.

Seine innere Zerstrittenheit zeigte sich darin, dass er die Juden noch zu seiner Zeit für das Volk Gottes hielt, das bald in Palästina seinen Messias erkennen würde. Sauer machte einen Unterschied zwischen dem Heilsvolk Israel und dem Volk der Juden heute. An die Judenpogrome in Deutschland glaubte er zunächst nicht, was ihn 1940 nicht daran hinderte zu schreiben: „Die Völker haben das Recht und die Pflicht, sich in Selbstzucht gegen die gottwidrige Herrschaft dieses Judentums zu wehren." Ganz im Sinne der damaligen Rassentheorie meinte er, dass es höhere und niedere Rassen, ja sogar minderwertige Rassen gibt, deren Schicksal vom Segen und Fluch Gottes bestimmt ist. Sauer versuchte nachzuweisen – ganz im Sinne der Bibelkritiker seiner Zeit –, dass Jesus ein Arier gewesen sei.

Zu glauben, dass eine so breitgestreute Meinung nicht auf die Arbeiten der Bibeltheologie abfärbte, ja diese unter Druck gesetzt habe, würde heißen, nicht nur die historischen Erfahrungen von Jahrhunderten zu verdrängen, sondern die menschliche Vernunft zu überfordern. Abneigung gegen die Juden mag jede Forschungsarbeit trüben, in der christlichen Theologie ist sie tödlich.

Sehstörungen durch Antifeminismus

Neben dem Antisemitismus war es der Antifeminismus jener Zeit, der den Männern der Bibelwissenschaften den Forscherhorizont getrübt hat. Das 19. Jahrhundert wird oft unter dem Gesichtspunkt der Frauenemanzipation gesehen. Aber es gab auch eine frauenfeindliche Grundstimmung in der bürgerlichen Gesellschaft bis in das 20. Jahrhundert hinein. Dr. Ute Planert von der Universität Tübingen hat das in ihrem Titel »Antifeminismus im Kaiserreich« gründlich untersucht. In allen Schichten der Gesellschaft, vom Kleinbürgertum bis hin zum Hochadel gab es antifeministisches Denken, verflochten mit antisemitischen und nationalistischen Tönen.

1903 richtete die sächsische Adelige Kathinka von Rosen einen Aufruf an Deutschlands Frauen über den moralischen Schwachsinn der Frauen. Er fand großen Absatz. Nach der ersten Auflage mussten 20 000 Exemplare nachgedruckt werden. 1912 wird der „Deutsche Bund zur Bekämpfung der Frauenemanzipation“ gegründet.

Der Jüdin Edith Stein, die später zum Katholizismus konvertierte und in Auschwitz umgebracht wurde, blieb es trotz ihrer hohen wissenschaftlichen Qualifikation verwehrt, in den 20er Jahren des 20. Jahrhunderts den Rang eines Professors zu erwerben.

Der offene und mehr noch der unterschwellige Antisemitismus verbaute den Forschern die klare Sicht der Gestalt und der Botschaft Jesu. Der Antifeminismus spielte die gleiche kastrierende Rolle im Verhältnis zur nüchternen Einordnung der Rolle Marias, der Mutter Jesu, vor allem in den ersten Jahren der entstehenden christlichen Gemeinden.

Es verwundert, wie wenig man wahrnehmen wollte, dass die in der Ära des Antisemitismus und der Frauenfeindlichkeit hervorgebrachten Denkmuster nach dem Zweiten Weltkrieg unter neuen Begriffen weitergepflegt wurden. Die Begriffe „Rasse“ und „Herrenmensch“ wurden durch solche wie „Kollektiv“ oder „Gesellschaft“ ersetzt. Als Bahnbrecher des neuen „christlichen“ Aufbruchs wurden alle Variationen des Sozialismus gefeiert. Wie die Nationalsozialisten es verstanden haben, sich das Christentum über die „deutschen Christen“ verfügbar zu machen, so taten es die Marxisten und Neomarxisten über blauäugige Theologen. Das Christentum sollte von seinem jüdischen Virus befreit werden. Als Muster mag das „Glaubensbekenntnis“ der evangelischen Theologin Dorothee Sölle in ihrem Buch »Meditationen und Gebrauchstexte« herhalten. Sölle wurde in den 70er Jahren zum Idol evangelischer und katholischer Kleriker.

Die Missachtung der Rechtschreibung durch Sölle sollte wohl den Geist der Verneinung gegenüber der Tradition und dem Überlieferten unterstreichen. Zur Verdeutlichung ein paar Muster aus ihrem Glaubensbekenntnis:

„Ich glaube an gott der die welt nicht fertig geschaffen hat wie ein ding das immer so bleiben muss, der nicht nach ewigen gesetzen regiert die unabänderlich gelten, nicht nach natürlichen Ordnungen von armen und reichen sachverständigen und uniformierten herrschenden und ausgelieferten, jeden tag habe ich angst dass er umsonst gestorben ist weil er in unseren kirchen verscharrt ist weil wir seine revolution verraten haben in gehorsam und angst vor den behörden"

Was Sölle in ihrem Credo liefert, ist eine Zusammenfassung und das Ergebnis der Theorien der sogenannten ersten und der zweiten Welle in der Jesus-Forschung der letzten 200 Jahre. Jesus wird zum Revolutionär, zum gescheiterten Utopisten, er lebt in den Ideen weiter, die er in die Welt gesetzt hat, je nach Bedarf und ideologischem Muster. Der Mensch wird wieder zum Maß aller Dinge. Leben im Sinne Gottes bedeutet Widerspruch. Im übrigen fängt alles – wie eh und je – beim Punkte Null an.

Das zeigt uns, wie notwendig es ist, was der englische Exeget N. T. Wright fordert, nämlich die Rückkehr zum historischen Realismus. Geschichte wird immer auch Deutung, immer Interpretation bleiben, wie die Beschreibung eines anderen Menschen, dessen innerstes Seelenleben uns bei allergrößter Raffinesse moderner psychologischer Untersuchungsmethoden ein Geheimnis bleiben muss. Umso notwendiger ist es, von Fakten auszugehen und nicht Spekulationen an den Anfang von Untersuchungen zu setzen.

Das Ganze im Blickfeld

Als junger Mensch empfand ich für den Wissenschaftler eine große Ehrfurcht. Dieses Vertrauen erhielt seinen ersten tiefen Riss während der Zeit des Nationalsozialismus, als sich nicht wenige dafür hergaben, die Rassenlehre zu stützen. Der zweite Bruch kam bei der direkten Begegnung mit Vertretern dieser Welt und der gelegentlich gemachten Beobachtung, wie sehr Wissen und Charakter auseinanderklafften.

Es ist schon merkwürdig, wie es möglich war, dass an den Bibelkritikern zwei große wissenschaftliche Durchbrüche im 19. und im 20. Jahrhundert vorbeigezogen sind oder von ihnen – aus welchen Gründen auch immer – ignoriert wurden. Sie, die im Geiste der Aufklärung so großen Wert darauf legten, als vernunftorientiert zu gelten, versündigten sich gegen den Geist der Vernunft, indem sie über Erkenntnisse in anderen Bereichen hinwegsahen.

Der erste Riss vollzog sich in der Geschichtsforschung. In der zweiten Hälfte des 19. Jahrhunderts wurde sie als Wissenschaft begründet. In der Antike galt Geschichte nicht – wie etwa Philosophie, Mathematik oder Astronomie – als Wissenschaft. Sie blieb Einzelpersönlichkeiten vorbehalten. Diese schrieben meist im Auftrag der Mächtigen und filterten die Fakten nach Bedarf. Leopold von Ranke (1795-1896) forderte dagegen zum ersten Mal, Geschichtsforschung dürfe weder richten noch belehren, sie müsse darstellen, wie es eigentlich gewesen war. Er erlangte Weltruf.

Theodor Mommsen (1817-1903) erwies sich in seiner dreibändigen »Römischen Geschichte« als Meister der Darstellung. Er wurde zum scharfen Gegner des Kanzlers Bismarck und des Antisemitismus. 1902 erhielt er als erster Deutscher den Nobelpreis für Literatur.

Die Bibeltheologen dagegen mauerten sich in einer Art von Trotzhaltung ein. Die historische Seite des Lebens Jesu, der zentralen Persönlichkeit in der Geschichte der Menschheit, wurde beiseite geschoben. Der Nationalsozialismus ging noch weiter, er manipulierte die Geschichte und stellte sie in seine Dienste. Das war ein Rückfall in der Geschichtsbetrachtung in die Zeit vor Ranke und Mommsen, ja eigentlich bis ins Altertum. Geschichte wurde zum Mythos, wie für die Bibelkritiker die Berichte der Schrift.

Nach dem Zweiten Weltkrieg hörte auf den Universitäten wegen der Verwicklung vieler Professoren in das Naziregime die Geschichte gegenüber den Studenten praktisch mit 1871 auf. Eine Studentin der Nachkriegszeit, heute eine ältere Dame, war gelegentlich über die Schlussfolgerungen, die gezogen wurden, sehr betroffen. Die Quellen gaben das gar nicht her, was man in die Welt setzte, meint sie.

Noch weniger gaben die Quellen her, was man bei der Deutung der Evangelien in die Welt setzte. Insofern haben diese Männer, gewollt oder ungewollt, Vorarbeit für den groben Missbrauch der Geschichte durch die führenden Männer des Dritten Reiches geleistet. John Redford, katholischer Exeget am Maryvale Institute in Birmingham, zitierte mir gegenüber einmal Peter Griffin, Absolvent des Päpstlichen Bibelinstitutes in Rom, den er in

England als Professor gehabt hatte. Dieser pflegte zu sagen: „Read the text! Keep your common sense!" – Lies den Text und halte dich an deinen gesunden Menschenverstand! Eben diesen gesunden Menschenverstand vermisst man bei vielen Größen der Bibelkritik.

Der zweite große Durchbruch vollzog sich im ersten Drittel des 20. Jahrhunderts in der Physik. Es war die Quantenmechanik. Sie hat dem starren Denken in der Naturwissenschaft den Todesstoß verliehen. Galileo Galilei (1564-1642), Entdecker der Jupitermonde, war davon überzeugt, dass sich alles messbar machen lasse. René Descartes (1596), bekannt durch seinen berühmten Denkansatz „Ich denke, also bin ich", ging davon aus, dass Gott auf eine niemals sich verändernde Weise handelt. Er hat den Schöpfer damit eingeengt und ihn praktisch aus der Geschichte ausgeschlossen.

Seit der Aufklärung war die Wissenschaft auf der Suche nach dem Unwandelbaren. Man wollte Ereignisse exakt voraussagen. Man versuchte der Natur göttliche Eigenschaften zuzuschreiben, z.B. Unendlichkeit, und wollte die Bewegungen des Individuums in Raum und Zeit genau bestimmen. Aber diese Naturauffassung wurde durch Katastrophen widerlegt. Schon der große Denker Immanuel Kant (1724-1804) meldete Vorbehalte an und meinte, die Technik würde die Natur nötigen. Aber für die Bibelkritiker wurden Naturwissenschaft und Technik dennoch zum Maßstab für den Glauben. Sie versuchten sich dem anzupassen, z.B. Rudolf Bultmann mit seiner radikalen Entmythologisierung der Schrift.

Dieser Naturauffassung hat die Quantenmechanik, die 1927 entdeckt wurde, einen Strich durch die Rechnung gemacht. Sie beschreibt und deutet die Vorgänge im Allerkleinsten. In dieser (allerkleinsten) Welt passieren die merkwürdigsten Dinge, z.B. Teilchen können gleichzeitig an verschiedenen Orten sein, können sich schneller als das Licht verständigen, können übergangslos von einem Ort zum anderen springen. Die Zukunft ist eben nicht festgelegt, sondern offen. Die eigentliche Wirklichkeit ist mathematisch nicht darstellbar. Heute wissen wir, dass der Forschende von seinem Gegenstand nicht zu trennen ist.

Eine beachtliche Untersuchung hat zu diesem Bereich im Jahre 2001 der katholische Theologe Axel Schmidt aus Paderborn in seiner Doktorarbeit »Natur und Geheimnis« vorgelegt. Was derzeit notwendig sei, wäre eine Rückbesinnung auf den großen Denker der Antike Aristoteles (384-322 v. Chr.) und zu seinem ganzheitlichen Denken. Sobald ein Organismus als Summe seiner Teile betrachtet wird, ist es kein Ganzes mehr. Ich kann ihn zwar in seine Teile zerlegen, doch damit zerstöre ich ihn auch. Aristoteles sprach vom unteilbaren Ganzen. Das haben die untersuchenden Bibeltheologen nicht bedacht. Der berühmte Physiker Carl Friedrich von Weizsäcker hat einmal gesagt, in diesem Bereich müsse die Wissenschaft Trauerarbeit leisten. Mehr noch würde diese Trauerarbeit den Bibelwissenschaftlern zu Gesicht stehen. Sie haben beim Zerlegen und Sezieren der Texte das Ganze aus dem Auge verloren. Aber bei den Botschaften der Evangelisten kommt es auf das Ganze an, auf die Frage nach dem Sinn des menschlichen Lebens und seiner Zukunft nach dem körperlichen Tod.

Die Autoren dieser Bücher, also die Evangelisten, mussten, als sie zur Feder griffen, ihrer selbst sicher sein. Im Konglomerat an Heilslehren und Heilsangeboten ihrer Zeit hätten sie ansonsten keine Chance gehabt, ernst genommen zu werden. Und wie schnell und nachhaltig sie ernst genommen wurden, das hat sie selbst überrascht. Deshalb die schnelle Aufeinanderfolge der Bücher. Die Zeit Jesu war eine durchaus „moderne" Zeit. Palästina war Teil des Römischen Imperiums und voll in sein wirtschaftliches, kulturelles und technisches Leben integriert. Als das Römerreich zusammenbrach, brach auch die von ihnen erreichte Zivilisation zusammen. Und es dauerte mehr als tausend Jahre, bis sie wieder erreicht wurde. Als Beispiel mag das Straßennetz herhalten. Bis man Überseeschiffe von der Größe baute, wie die Römer sie kannten, vergingen sogar 1500 Jahre.

Jeder der vier Evangelisten hatte eine ganzheitliche Sicht. Er hatte bestimmte Zielgruppen im Auge, die er überzeugen wollte. Es bedurfte eines großen Einfühlungsvermögens in das unterschiedliche Denken der Adressaten, an die man sich wendete. Kollektive sind dazu nicht im Stande, heute nicht und im ersten Jahrhundert nicht. Ein solches Einfühlungsvermögen muss man den rationalistisch orientierten Kritikern absprechen. Sie gingen und sie gehen von den Vorstellungen unserer Zeit und ihrer Denkmuster aus. Nicht die Wahrheit schwebt ihnen als oberster Maßstab vor, sondern die Selbstverwirklichung bzw. die Selbstbefreiung. Mit der Kirchenspaltung ist der

Blick für das Ganze verloren gegangen. Die Untersuchungsmethode des Zerlegens (Analyse) hilft uns zwar, Maschinen zu bauen und sie zu zerlegen, den Blick für die große Dimension des Lebens gibt sie uns nicht. Noch weniger gewährt sie uns Einblicke in die tiefsten Geheimnisse des Lebens.

Der Lieblingsjünger

Es hat mich immer gewundert, warum die Exegeten nie in der Lage waren zu erklären, warum Johannes der Lieblingsjünger Jesu gewesen ist. Man nahm es einfach hin. Immerhin merkwürdig genug, warum Jesus einen Liebling unter den Zwölf gehabt haben soll. Heute mangelt es nicht an Versuchen anzuzweifeln, ob mit dem „Lieblingsjünger" überhaupt Johannes gemeint gewesen sei. Von anderen geht schließlich der Versuch aus, nicht in Johannes den Verfasser des vierten Evangeliums zu sehen, sondern Andreas oder einen anderen der Apostel als Autor anzunehmen. Was fast 2000 Jahre als sicher überliefert wurde, wird nun mit Fragezeichen versehen. Persönlich halte ich beide Versuche für gegenstandslos. Johannes war sowohl der Lieblingsjünger Jesu als auch der Verfasser des Evangeliums.

Eine erste Antwort auf diese Frage kam in den 50er und 60er Jahren des 20. Jahrhunderts von skandinavischen Theologen aus einer ganz anderen Ecke. 1961 legte Birger Gerhardsson eine sensationelle Doktorarbeit unter dem Titel »Memory and Manuscript« (»Gedächtnis und Handschrift«) vor, in der er untersuchte, auf welche Art und Weise zur Zeit Jesu, kurz davor und danach, in den Schulen Wissen vermittelt wurde. Dabei konnte er nachweisen, dass nicht nur in Griechenland und Rom, sondern vor allem in Israel der Kern der Unterrichtsmethode in der Pflege der Gedächtnistechnik bestand.

Dabei handelt es sich übrigens um eine alte Technik. Lange bevor der Mensch die Schrift erfand, war das die einzige Möglichkeit, Wissen exakt weiterzugeben. Und auch nach der Einführung der Schrift spielte die Mnemotechnik eine fundamentale Rolle. Erst in unserer Zeit ist es zur Entthronung des Gedächtnisses gekommen. Die langfristigen Schäden für unsere Kultur sind noch nicht abzusehen. Jedenfalls hat der Mensch sich in eine bedenkliche Abhängigkeit von technischen Gedächtnissen gebracht, bei denen im Katastrophenfall alles Gespeicherte gelöscht wird, was jeder an seinem kleinen Personalcomputer bereits erfahren kann.

Gerhardsson wurde zu seiner Zeit leidenschaftlich bekämpft und unterdrückt, obwohl sein Lehrer in Uppsala, Harald Riesenfeld, bereits einige Jahre vorher auch international gute Vorarbeit geleistet hatte. Er prangerte die Einseitigkeit der deutschen bibelkritischen Schule an und meinte, sie würde leicht zum Dogma und zum Mythos werden. Die Bibelmafia ahnte, wie gefährlich diese Erkenntnisse für ihre Gedankenspiele (Formkritik) werden konnten. Es dauerte fast 40 Jahre, bis ein renommiertes amerikanisches Verlagshaus die Arbeit im Jahre 1998 gepflegt herausgeben konnte. Und zur größten Überraschung schrieb einer der entschiedensten Gegner des Werkes aus den 60er Jahren dazu ein positives Vorwort.

Ehe etwas vertieft, ehe ein Text analysiert oder meditiert wurde, musste er tief im Gedächtnis sitzen. Berühmte Lehrer brachten es auf die Formel: „Man sollte die Thora (Schrift) erst auswendig lernen, ehe man über den Inhalt meditiert“ oder „Man sollte einen Text unentwegt wiederholen, auch wenn man ihn (zunächst) nicht versteht.“ Israel war sehr stolz darauf, unter den damaligen

Völkern das einzige zu sein, dessen Religion nicht auf Mythen zurückging, sondern eine direkte Offenbarung Gottes war, die in den heiligen Büchern festgehalten wurde. Der Schöpfer selbst, der einzige und wahre, hatte über Abraham in Ur (Irak), über Mose auf dem Berge Sinai das Geheimnis um sein Wesen ein wenig gelüftet. Diese Offenbarung wurde in Büchern festgehalten. Sie wurde wie ein Augapfel gehütet – auch dadurch, dass man sie auswendig kannte. Eine solche mündliche Tradition war unter Umständen sogar zuverlässiger, weil die geringste Abweichung des Vortragenden sofort von vielen beanstandet werden konnte.

Die Schrift prägte das gesamte Leben der Juden, ihr Denken, Fühlen und Handeln. Entsprechend begabte Schüler mit hervorragendem Gedächtnis – guter Mnemotechnik – mussten nicht nur die Schrift auswendig lernen, sie mussten sogar die Kommentare ihrer Lehrer zu diesen Schriften im Gehirn speichern. Man ging also einen doppelten Weg: schriftliche und mündliche Überlieferung. Besonders beliebt waren bei den Rabbis verständlicherweise Schüler, die das Erlernte nicht nur daherrezitieren konnten, sondern auch den Inhalt verstanden und verinnerlicht hatten. Das waren die Lieblingsjünger. Schüler, die lediglich Texte wie Automaten wiedergeben konnten, belächelten die Rabbis untereinander sogar ein wenig.

Es ist offensichtlich, dass Jesus von Anfang an seine Jünger regelrecht geschult hat. Wie bei den Rabbinern mit ihren Schülern bildeten sie eine Lebensgemeinschaft, eine Familie. Sie hatten eine gemeinsame Kasse. Jesus schulte sie bei Tag und bei Nacht, er übte sie in ihre zukünftige

Rolle ein, schickte sie auf die Dörfer, um die Ankunft des „Gottesreiches" zu verkünden, mit genauen Anweisungen über ihr Verhalten. Er konnte nicht das Risiko eingehen, dass sie dabei ihrer Phantasie freien Raum ließen und Jesu Worte auf ihre Weise weitergaben. Dazu war die Botschaft Jesu von zu großer Bedeutung. Für individuelle Auslegungen durch die Jünger war kein Platz.

Sehr einprägsam schildert es Lukas: „Dann rief er die Zwölf zu sich und gab ihnen die Kraft und die Vollmacht, alle Dämonen auszutreiben und die Kranken gesund zu machen. Und er sandte sie aus mit dem Auftrag, das Reich Gottes zu verkünden und zu heilen. Er sagte zu ihnen: Nehmt nichts mit auf den Weg, keinen Wanderstab und keine Vorratstasche, kein Brot, kein Geld und kein zweites Hemd. Bleibt in dem Haus, in dem ihr einkehrt, bis ihr den Ort wieder verlasst. Wenn euch aber die Leute in einer Stadt nicht aufnehmen wollen, dann geht weg und schüttelt den Staub von euren Füssen, zum Zeugnis gegen sie. Die Zwölf machten sich auf den Weg und wanderten von Dorf zu Dorf. Sie verkündeten das Evangelium und heilten überall die Kranken" (9, 1-6).

Die Schüler in den Thoraschulen nahmen nicht nur Wissen auf. Sie beobachteten auch den Lebensstil des Lehrers, ahmten ihn bis in die Einzelheiten nach. Man konnte am Verhalten eines Schülers oft erkennen, bei welchem Lehrer er in die Schule ging. Paulus schrieb später an seine Anhänger: „Seid meine Nachahmer, wie ich der Nachahmer Christi bin."

Um es dem Gedächtnis zu erleichtern, bedienten sich die Lehrer oft einer rhythmischen Sprache, wiederholten klangvolle Formulierungen. Es galt der Grundsatz: knapp, pointiert (scharf) und einprägsam.

All dieser Spielregeln bediente sich auch Jesus. Er war ein Kind seiner Zeit und musste das Denken, die Gepflogenheiten seiner Zeit berücksichtigen. Seine Sprache ist voller Poesie, einprägsam, arbeitet mit Gegenüberstellungen, die sich leichter behalten ließen, wofür die Bergpredigt das beste Beispiel liefert. Dabei hielt er sich nicht sklavisch an eine, die erste Formulierung, sondern konnte verschiedene Varianten bei ein und derselben Botschaft anbieten. Das alles diente der Mnemotechnik. Das Besondere seiner Verkündigung war nicht die Form, sondern es waren die Inhalte. Das galt auch für die Gleichnisse.

Es ist eine uralte Erfahrung der Menschheit, dass der Hörende, der Aufnehmende nach seinen Möglichkeiten hört und aufnimmt. Jeder Lehrende muss das berücksichtigen. Das hatte auch nicht nur Jesus im Auge, sondern vor ihm alle Propheten und letzten Endes der Urgrund aller Offenbarungen, nämlich der Schöpfer. Und die großen Denker im Griechenland der Antike machten in ihrer Philosophie daraus einen Lehrsatz.

Man kannte in Israel bei der Überlieferung die Funktion des „Gleichniserzählers“ und des „Sprüchemachers“. Jesus war alles in allem und überragte alle zudem mit den Forderungen seiner Verkündigung. Ein Grund, warum er überall, wo er auftauchte, sofort das Feld beherrschte. Er brachte mit seiner Erscheinung, mit seiner Lehre, mit seinen Anweisungen, mit Form und Inhalt alle zum Schweigen. Zu meinen, niemand in seinem Umfeld wäre auf die

Idee gekommen, das Gehörte schriftlich zu fixieren, setzt Unwissen und Verblendung voraus.

Vor diesem Hintergrund erhält die Qualifikation als Lieblingsjünger ihre Erklärung, ein Jünger, der stets in seiner Nähe war und sogar an seiner Brust ruhte, und der später in der Urgemeinde nach dem Abgang Jesu, trotz seines jungen Alters, eine sehr große Autorität besaß und auch von Paulus als Säule der Kirche bezeichnet wurde, und das bestimmt nicht wegen seines jugendlichen Charmes. Nach den neuesten Erkenntnissen der Beziehungen zwischen Lehrern (Rabbis) und Schülern scheint es klar. Johannes besaß das beste Gedächtnis, die beste Mnemotechnik. Er konnte die Worte Jesu nicht nur genau behalten, er verinnerlichte sie auch – was einen Schüler – unangefochten – in der Regel zum Lieblingsschüler werden ließ.

Das erklärt auch, warum Johannes in der Lage war, die so wichtige Abschiedsrede beim „Letzten Abendmahl" mnemotechnisch zu behalten. Denn von den 21 Kapiteln seines Evangeliums sind fünf allein der Abschiedsrede gewidmet. Das war auf die für unsere Zeit verblüffende Fähigkeit zurückzuführen, Gehörtes und Erläutertes im Kopf zu speichern.

Natürlich muss Johannes noch andere besondere Qualitäten gehabt haben. Er war einer der ersten Jünger Jesu und einer der ersten, der in ihm den verheißenen Messias erkannte, ein junger Mann von hoher Sensibilität, Hingabefähigkeit und Reinheit des Denkens, dem Jesus vom Kreuze her seine Mutter anvertraute, der einzige Jünger, der unter dem Kreuz ausgeharrt hat. Er war der erste, der sofort glaubte, nachdem er am Ostermorgen auf das leere Grab gestoßen war. Er war tief in das Gedankengut seines Meisters eingedrungen, was bei der Verfassung des spirituell anspruchsvollen Evangeliums seinen Niederschlag gefunden hat.

Von daher wird verständlich, dass einige besonders mutige Forscher (Exegeten), im Gegensatz zur Situation vor einigen Jahrzehnten, Johannes inzwischen bei der Verfassung der Evangelien den Vorrang geben (John Robinson, Klaus Berger). Nicht Johannes hat von anderen abgeschrieben, sondern die anderen haben Impulse von Johannes bezogen. Die erlernten Texte wurden nämlich bei Tag und Nacht, bei Wanderungen und Reisen unentwegt rezitiert, um sie zu festigen. Von daher kann man auch nichts dagegen haben, dass die mündliche (orale) Tradition der schriftlichen vorausgegangen sein soll. Das lag im Stil und in den Methoden der damaligen Zeit. Von all dem wussten die Kritiker im 19. und weitgehend auch im 20. Jahrhundert nichts, konnten es nicht oder wollten es nicht wissen. Ihre verirrten Theorien wurden für viele junge Menschen zu ruinösen Orientierungsschildern.

Johannes, Maria, Nikodemus

Jener Evangelist, der mich seit meiner Studentenzeit begleitet hat – unterbrochen nur von Jahren, in denen mich Politik und Journalismus vereinnahmt hatten –, war Johannes. Nicht wenig dazu beigetragen haben Vorlesungen eines Exegeten für Neues Testament (Felicjan Kloniecki) in den Jahren von 1948 bis 1952 in Posen. Er hatte es verstanden, uns den Evangelisten nicht nur als unmittelbaren Zeugen zu vermitteln, sondern er war auch in der Lage, seine Studenten in die lebendige Atmosphäre des Berichtes einzuführen. Was mich gerade deshalb von Anfang an gestört hat, war die Meinung, Johannes habe sein Evangelium erst als alter Mann geschrieben.

Heute, ein halbes Jahrhundert später, habe ich Wissen, psychologische und literarische Erfahrung genug, um diese Meinung radikal in Frage zu stellen. Unbeeindruckt lässt mich der gerade in der Bibelkritik übliche Stil, sich auf „allgemeine Erkenntnisse“, auf „kollektives Wissen“ oder auf einen „gesicherten Wissensstand“ zu berufen. Es genügt, an den Astronomen, Geographen und Mathematiker Claudius Ptolemäus zu denken, der um 140 n. Chr. in Alexandrien lebte. Er propagierte ein Weltsystem, das die Erde (als Scheibe) zum Mittelpunkt des Universums machte, obwohl es bereits vor ihm in Griechenland Männer gegeben hatte, die die Kugelform der Erde erkannt und sogar ihren Durchmesser berechnet hatten. Nicht sie, sondern die „wissenschaftliche“ Theorie von Ptolemäus setzte sich für ungefähr 1300 Jahre durch, von allen akzeptiert.

Noch katastrophaler war der Wissensstand über Jahrtausende um die Natur der Frau, der in vielen Kulturen die Seele, das rationalistische Denken und die Urteilsfähigkeit abgesprochen wurden. Noch im 19. Jahrhundert versuchten Biologen dies am menschlichen Gehirn nachzuweisen.

Der augenblickliche Stand zur Entstehung des Evangeliums nach Johannes ist der, dass man langsam davon abrückt, es sei erst im Jahre 90 n. Chr. entstanden. Einzelne Fachleute freunden sich inzwischen mit den Jahren 65/67 n. Chr. als Entstehungszeit an, also um die Zeit kurz nach der ersten großen Christenverfolgung unter Kaiser Nero in Rom. Noch fehlt der Mut weiterzugehen, obwohl es im englischsprachigen Raum bereits Stimmen gegeben hat, die die Verfassung sogar noch vor Markus vermuteten, dem im allgemeinen unterstellt wird, als erster einen Bericht über die Botschaft Jesu geschrieben zu haben.

Adressat: Priesterkaste und Gelehrte

Das Evangelium des Johannes hat das Licht der Welt nicht in Ephesus erblickt, in einer durch und durch griechisch geprägten Atmosphäre, wie heute fast einhellig geglaubt wird, sondern in Jerusalem. Der Grund für diese Schlussfolgerung mag sensationell anmuten. Dieses Evangelium richtet sich an die „Intellektuellen", an die Theologen, an die Priesterschaft in Jerusalem. Bei der Frage nach der Entstehung stellt man erstaunt, fast verblüfft fest, dass dabei zwei wichtige Personen vollkommen ignoriert werden, die bei der Entstehung der johanneischen Niederschrift Pate gestanden haben mussten. Das war einmal Maria, die Mutter Jesu, die nach seiner Kreuzigung auf Anweisung ihres Sohnes im Hause des Johannes Unterkunft gefunden hat, und es war der gelehrte Nikodemus, der im Johannesevangelium dreimal eine sehr wichtige Rolle spielt, und einmal indirekt erwähnt wird.

Maria, die Mutter Jesu, stammte aus priesterlichem Geschlecht, worauf ihre engen Beziehungen zum Hause des Zacharias hinweisen, eines Priesters, der sogar das Allerheiligste im Tempel betreten durfte. Als junges Mädchen könnte sie tatsächlich einige Jahre – wie es außerevangelische Schriften suggerieren – im Tempel erzogen worden sein. Ihre Selbstbezeichnung als „Magd des Herrn“ hat dazu verleitet, in ihr das schlichte, unwissende, nur dienende Wesen zu sehen. In Wirklichkeit dürfte sie eine hochgebildete Frau gewesen sein, worauf das sogenannte Magnifikat hinweist, das sie beim Betreten des Hauses des Zacharias gebetet hat. Es verrät eine intime Kenntnis des prophetischen Schrifttums des Alten Bundes.

Um das Gewand Jesu wurde unter dem Kreuze gewürfelt, weil es den Soldaten zu kostbar erschien, es zu teilen. Wer mag es wohl gefertigt haben, wenn nicht Maria, die demnach eine ausgezeichnete Weberin und Näherin gewesen sein muss. Also eine rundum fest im Leben, in der Gedankenwelt und in der Geschichte ihres Volkes stehende Frau, die sehr aktiv werden konnte, wenn es sein musste.

Es muss für Maria, die Mutter Jesu, die im Hause des Johannes wohnte, in der Nähe des Palastes des Hohenpriesters Kajaphas, eine ungeheure Tragik gewesen sein mitzuerleben, dass ihr Sohn hartnäckig und blind von der Führungsschicht Jerusalems abgelehnt wurde, dass die Verantwortlichen die große Stunde der Menschheitsgeschichte verpasst hatten. Statt sich in den Dienst des von Jesus verkündeten Gottesreiches zu stellen und diese Botschaft über ihre weitverzweigten Möglichkeiten in der Welt zu verbreiten, verharrten sie in der Verblendung. Für Maria, die aus priesterlichem Geschlecht kam, war das ein bitterer Gedanke.

Zwei bis drei Jahre hindurch hat Jesus die Gelehrten der Schrift (Theologen) und die Vertreter der Priesterschaft händeringend beschworen, genau hinzuhören, was er ihnen zu sagen hatte: Ihr glaubt, die Schrift und Moses zu kennen – so seine Warnungen –, wollt ihr denn nicht verstehen, dass Moses mich vorausgesagt hat, dass sich an mir die Schriften, die zahlreichen Prophezeiungen erfüllen? An den Zeichen und Wundern, die ich vollbringe, könnt ihr doch alles ablesen! Jesus wusste, dass es die letzte Chance für sein Volk war. Aber sie wollten nicht umdenken, wie von Jesus gefordert. Knapp vierzig Jahre nach seiner Kreuzigung vollzog sich an ihnen das Gericht. Der Tempel und damit die Priesterkaste wurde ausgelöscht. Einige, die an der Verurteilung Jesu teilgenommen haben, dürften am eigenen Leibe die Erfüllung seiner Prophezeiung erfahren haben. Auf jeden Fall aber haben es ihre Söhne und Töchter.

Maria hat miterlebt, wie Petrus und Johannes nach dem Pfingstereignis mit beschwörenden Worten im Tempel, in der Halle Salomos, den Menschen, vor allem der Führungsschicht, zum letzten Mal ins Gewissen riefen: „Den Urheber des Lebens habt ihr getötet, aber Gott hat ihn von den Toten auferweckt. Dafür sind wir Zeugen" (Apg 3, 15). Und am nächsten Morgen wiederholte Petrus seinen Appell vor dem Hohenpriester und dem ganzen Hohen Rat, vor der „Elite" Israels: „Er (Jesus) ist der Stein, der von euch Bauleuten verworfen wurde, der aber zum Eckstein geworden ist. Und in keinem anderen ist das Heil zu finden" (Apg 4, 41). Es war der Aufruf, noch einmal über ihr Verhalten nachzudenken, ihre Beziehung zu Jesus, dem Gekreuzigten, zu überdenken und „umzukehren".

Maria wusste um den ebenso eindringlichen Appell des jungen Stephanus, des kurz danach Gesteinigten, an den Hohenpriester, sich der Erkenntnis nicht zu widersetzen, dass sie den lange erwarteten Messias gekreuzigt hatten.

Nicht alle in der Führungsschicht blieben verstockt. Manche wurden nachdenklich, u. a. der berühmte Gelehrte Gamaliel. Der beispiellose Mut, mit dem die Jünger in Jerusalem auftraten und die Menschen aufklärten, ging an vielen nicht spurlos vorüber. Vor allem jene, die dem sogenannten „essenischen" Reformflügel angehörten, der in Jerusalem eine eigene Klosteranlage besaß, wurden angesprochen. Dieser hatte ohnehin ein kritisches Verhältnis zum Tempel, von dem er behauptete, er werde nur noch von einer korrupten Priesterclique instrumentalisiert. Die Essener waren theologisch gebildete Leute. Johannes schrieb in einer Sprache, die sie verstanden.

Für spirituell noch nicht hoch stehende Zeitgenossen, vor allem solche im Heidentum, war Johannes eine Überforderung, jedoch nicht so für die jüdischen Lehrer und Theologen. Der Johannesbericht wird oft als mystisches

Evangelium bezeichnet. Das ist er auch, wenn man an die unverkennbare Handschrift Marias denkt. Niemand konnte sich in die Welt ihres Sohnes so schnell und so intensiv hineindenken wie sie. Sie kannte ihren Sohn seit der frühesten Kindheit. Noch tiefer wurde ihre Sicht, als sie ihm nach der Auferstehung gegenüberstand. Es ist merkwürdig, dass unter den Frauen, die am frühen Ostermorgen das Grab aufsuchten, um Jesus zu salben, sich nicht auch Maria befand. Es hätte doch nahe gelegen, dass gerade die Mutter, die bis zur letzten Minute unter dem Kreuz ausgeharrt hatte, sich den Frauen anschloss, die zum Grabe gingen. Sie tat es nicht, sie wusste längst, was geschehen war, sie musste den Auferstandenen gesehen und gesprochen haben.

Diese Frau hat im Hause des Johannes nicht nur Schutz gesucht, sie hat den Jünger auch geprägt und er, der als lebendiger Computer Jesu Aussagen kannte wie kein anderer, konnte mit ihrer Hilfe noch mehr verinnerlichen, was er so gut im Gehirn gespeichert hatte. Dass sie so wenig in Betracht gezogen wurde, wenn es um das vierte Evangelium geht, hängt offensichtlich mit dem Antifeminismus zusammen, der über Jahrtausende gerade in den Reihen der Denker und Wissenschaftler tief verwurzelt war. Es verwundert geradezu, dass Markus es gewagt hat, Frauen als erste Zeugen der Auferstehung zu erwähnen, da Frauen im Altertum als Zeugen nicht in Betracht kamen.

Führender Mann in Israel

Umso mehr überrascht es, dass ein Mann, dazu noch ein Gelehrter, in den Spekulationen um die Niederschrift des

Johannesevangeliums keinen Raum gefunden hat, obwohl es sich geradezu aufdrängt. Er wird im Evangelium nur dreimal erwähnt, dafür aber unter ganz entscheidenden Umständen. Das erste Mal, als er sich im Dunkel der Nacht bei Jesus einfand, und das ausgerechnet nach der Tempelreinigung, die Jesus gewagt hatte und die die ganze Priesterschaft, vor allem Kajaphas, der am Tempelhandel besonders gut verdiente, gegen Jesus aufgebracht haben muss. Er kam nicht, um Jesus im Namen seiner Klasse zur Rechenschaft zu ziehen, sondern im Gegenteil. Im Bericht heißt es: „Es war ein Pharisäer namens Nikodemus, ein führender Mann unter den Juden. Der suchte Jesus bei Nacht auf und sagte zu ihm: Rabbi, wir wissen, du bist ein Lehrer, der von Gott gekommen ist; denn niemand kann die Zeichen tun, die du tust, wenn nicht Gott mit ihm ist“ (Joh 3, 1-2).

Die Bezeichnung „ein führender Mann“ deutet darauf hin, dass es sich um einen großen Schriftgelehrten gehandelt hat. Es folgt denn auch ein sehr theologisches Gespräch, das in dieser Form nur unter Männern zu führen war, die sich beide in den Schriften sehr gut auskannten. Nikodemus unterstreicht es mit der Formulierung „wir wissen“.

Die zweite Erwähnung erfolgt in Verbindung mit einem Auftritt Jesu im Tempel, der viele Menschen ausrufen ließ: „Er ist wahrhaftig ein Prophet!“, worauf man ihn festnehmen wollte. Beeindruckt von der Erscheinung Jesu, wagten die Gerichtsdiener nicht, Hand an ihn zu legen, was ihnen schwere Vorwürfe von Mitgliedern des Hohen Rates einbrachte. In dieser Situation meldet sich Nikodemus zu

Wort: „Nikodemus aber, einer aus ihren eigenen Reihen, der früher einmal Jesus aufgesucht hatte, sagte zu ihnen: Verurteilt etwa unser Gesetz einen Menschen, bevor man ihn verhört und festgestellt hat, was er tut? Sie erwiderten ihm: Bist du vielleicht auch aus Galiläa?“ (Joh 7, 50-52). Die Intervention zeigt, dass Nikodemus es sich aufgrund seines Ansehens leisten konnte, eine eigene Meinung zu vertreten.

Zum dritten Mal erscheint der große Gelehrte im Evangelium bei der Bestattung des Leibes Jesu: „Josef aus Arimathäa war ein Jünger Jesu, aber aus Furcht vor den Juden nur heimlich. Er bat Pilatus, den Leichnam Jesu abnehmen zu dürfen, und Pilatus erlaubte es. Also kam er und nahm den Leichnam ab. Es kam auch Nikodemus, der früher einmal Jesus bei Nacht aufgesucht hatte. Er brachte eine Mischung aus Myrrhe und Aloe, etwa hundert Pfund. Sie nahmen den Leichnam Jesu und umwickelten ihn mit Leinenbinden, zusammen mit den wohlriechende Salben, wie es bei jüdischen Begräbnissen Sitte ist. An dem Ort, wo man ihn gekreuzigt hatte, war ein Garten, und in dem Garten war ein neues Grab, in dem noch niemand bestattet worden war. Wegen des Rüsttages der Juden und weil das Grab in der Nähe lag, setzten sie Jesus dort bei“ (Joh 19, 38-42).

Einen vor der Stadt Gekreuzigten vom Kreuz und vor den Augen vieler Neugieriger abzunehmen, dazu bedurfte es guter Beziehungen und Mut, den weder Nikodemus noch Josef aus Arimathäa vorher besaßen. Es war der letzte Liebesdienst, den sie dem von ihnen bewunderten Propheten erweisen konnten. Sie sollten in die Geschichte eingehen.

Sich vorzustellen, Nikodemus hätte sich später nicht um Maria, die Mutter Jesu, die in Jerusalem geblieben ist, gekümmert, ist kaum möglich. Zu meinen, er hätte sich des jungen Johannes, der damals um die 22 Jahre jung gewesen sein dürfte und den er unter dem Kreuze an der Seite Marias gesehen hatte, nicht angenommen, ist ebenfalls nicht denkbar. Das Gegenteil ist anzunehmen. Maria kam aus priesterlichem Geschlecht, Nikodemus gehörte der Gelehrtenkaste an. Es muss beide ungemein bedrückt haben, dass ausgerechnet jene sozialen Schichten, denen sie so nahe standen, in Jesus nicht den verheißenen Messias erkennen konnten, wo doch alle wussten, welche historisch einmalige Rolle dieser Messias nach den Prophezeiungen für Israel spielen sollte und – was sie beide inzwischen miterlebt hatten – auch gespielt hat.

Johannes musste kein großer Gelehrter sein, um zu Papier zu bringen, was er an der Seite Jesu erlebt und gehört hatte. Er wusste es auswendig. Bei so guten Beratern war er in der Lage, ein hochgeistiges Evangelium zu verfassen. Im übrigen hat Nikodemus – wie Markus in seinem Evangelium auch, als er die Verhaftung Jesu schilderte – eine dezente Unterschrift hinterlassen. Bei Johannes sieht sie so aus: „Dennoch kamen sogar viele der führenden Männer zum Glauben an ihn; aber wegen der Pharisäer bekannten sie es nicht offen, um nicht aus der Synagoge ausgestoßen zu werden. Denn sie liebten das Ansehen bei den Menschen mehr als das Ansehen bei Gott“ (Joh 12, 42-43). Das klingt ganz nach Selbstkritik und erinnert an jenen Tag, als sich Nikodemus im Schutze der Dunkelheit bei Jesus zu einem Gespräch einfand, bei dem dieser ihm den Kern seiner Botschaft und seiner Mission erläuterte.

Alle – zum Teil halsbrecherischen – Versuche, die Entstehung des Johannesevangeliums gegen Ende des ersten Jahrhunderts festzulegen, kann man vergessen. Dem Einwand, woher denn ein so später Verfasser zu einer lebendigen Wiedergabe der Atmosphäre um die Zeit Jesu in Jerusalem fähig war, wie das bei einigen Szenen der Fall ist, begegnen manche Radikale mit der Erklärung, diese Stellen seien wahrscheinlich irgendwo aufbewahrt, also gewissermaßen „eingefroren" worden, später entdeckt und von dem endgültigen Verfasser in den Gesamtbericht eingebaut worden. Es lässt sich erkennen, dass keine Idee, keine Hypothese (Vermutung) zu absonderlich ist, um sie nicht einzubringen, nur um eine frühe Entstehung der Schrift zu verneinen. Johannes hat es geahnt. Darum seine Warnung: „Dies wurde geschrieben, damit ihr glaubt …" (Joh 20, 31).

Schlüsselposition

Einer der besten Kenner des Johannesevangeliums, C. K. Barret, schrieb schon 1955 in seinem Werk »The Gospel according to St. John«, dass der Bericht des Johannes eine Schlüsselposition im frühen Christentum eingenommen habe. Und John A. T. Robinson aus Cambridge meinte, Johannes sei nicht das Omega (Ende), sondern das Alpha (Anfang) der Evangelienentstehung.

Den radikalen Kritikern war Johannes ein Dorn im Auge, und der unterschwellige Grund war, was bereits an anderer Stelle angedeutet wurde, rassistischer Natur. Man wollte dieses hochgeistige Evangelium keinem Juden zubilligen. Als Verfasser mussten in der Phantasie der Kritiker griechische Schüler herhalten. Dabei verrät nach neuesten Erkenntnissen gerade Johannes eine jüdische Denkweise, die beeindruckt. Nicht Johannes hat als alter Mann – wie man zu behaupten versuchte – bei den anderen Evangelisten Anleihen gemacht, sondern schon sehr früh – noch als junger Mann – die andern beeinflusst. Gerade Johannes war wohl auch der Grund, warum nach Markus auch der griechische Arzt Lukas die Verfassung eines eigenen Berichtes über das Leben Jesu wagte, das der römischen Denkweise eher entsprach.

Johannes war für alle anderen der authentischste Zeuge, denn er lebte ungefähr 18 Jahre nach der Auferstehung Jesu mit dessen Mutter Maria in einem Hause. Eine Quelle, um die ihn viele andere „beneidet" haben dürften. Es ist nicht schwer zu erkennen, wenn man sich einmal auf diese Sichtweise eingelassen hat, wie stark das Denken Marias seine Berichterstattung beeinflusst haben muss. Gerade deshalb wurde sein schriftliches Zeugnis der „modernen" Welt zum Ärgernis.

In der blutjungen Kirche wurde er zur Säule, auf deren Autorität sich Paulus, ein immerhin sehr gelehrter Mann, beruft und darauf, dass Johannes seine, des Paulus Verkündigung, abgesegnet hat. Die Autorität des Johannes hatte ihre Wurzeln nicht nur in der besonderen Stellung, die er an der Seite Jesu eingenommen hatte, sondern auch in der Tatsache, dass er der Verfasser dieses „vergeistigten" Evangeliums war und weil allgemein bekannt war, welche großartigen Persönlichkeiten ihm zur Seite gestanden haben.

Das Evangelium des Johannes scheint Paulus als Verkündigungsgrundlage gedient zu haben. Von daher erklärt sich die Ähnlichkeit der Theologie zwischen beiden. Im 20. Jahrhundert wurde lange behauptet, dass die Paulusbriefe die ersten christlichen Dokumente über das Leben Jesu überhaupt waren, ja von daher entwickelte man die Vorstellung, Paulus sei der eigentliche Urheber des Christentums gewesen. Heute kann man sich nur fragen, wie solche Spekulationen sich als ernsthafte „Wissenschaft" ausgeben konnten. Es war der ideologische Ansatz, mit dem sie an die Arbeit gingen, von dem man weiß, dass er sogar in den exakten Naturwissenschaften das Ergebnis beeinflussen kann: Vom Untersuchenden hängt das Ergebnis ab. Setzt man voraus, dass dagegen die Evangelien den Briefen des Paulus vorausgegangen waren, wird auch manches in diesen Briefen verständlicher.

Immer hat es Forscher gegeben, die sich mit der „späten" Entstehung nicht abfinden wollten. Aber gegen die Arroganz der willkürlichen Umdeuter hatten sie noch keine ausreichenden Argumente. Die stehen jetzt immer mehr zur Verfügung. Der neue Durchbruch bei der Erforschung des Johannesberichtes wird seit den 70er Jahren als „new look" bezeichnet. Eine erste Formulierung von F. L. Cribbs lautete: „Ein kultivierter christlicher Jude aus Judäa hat es in den 50er und 60er Jahren verfasst." Das war neu. Und es zeugt von Einfühlungsvermögen, während die Radikalen den Eindruck erwecken, die von ihnen durchleuchteten Figuren seien keine lebendigen Menschen, sondern Marionetten gewesen.

Nie wurde z.B. berücksichtigt, geschweige denn erwähnt, dass zwischen Johannes und Markus eine enge Freundschaft bestanden haben muss, die sehr weit zurückreichte. Markus hat als junger Mann die Verhaftung Jesu im Ölgarten miterlebt und dies sogar in seinem Evangelium verewigt. Johannes wurde in derselben Nacht Zeuge der Verhöre Jesu: „Simon Petrus und ein anderer Jünger (Johannes) folgten Jesus. Dieser Jünger war mit dem Hohenpriester bekannt (der Vater war wahrscheinlich Hoflieferant von Süßfischen aus dem See Genezareth) und ging mit Jesus in den Hof des hohepriesterlichen Palastes. Petrus aber blieb draußen stehen. Da kam der andere Jünger, der Bekannte des Hohenpriesters, heraus; er sprach mit der Pförtnerin und führte Petrus hinein" (Joh 18, 15-16).

Am nächsten Tag stand er sogar unter dem Kreuze: „Bei dem Kreuz Jesu standen seine Mutter und die Schwester seiner Mutter, Maria, die Frau des Klopas, und Maria von Magdala. Als Jesus seine Mutter sah und bei ihr den Jünger, den er liebte, sagte er zu seiner Mutter: Frau, siehe dein Sohn! Dann sagte er zu dem Jünger: Siehe, deine Mutter! Und von jener Stunde an nahm sie der Jünger zu sich" (Joh 19, 25-27). Johannes war noch sehr jung, wahrscheinlich nur ein paar Jahre älter als Markus.

Man kann sich vorstellen, wie eng die dramatischen Vorgänge jener Nacht die beiden jungen Männer zusammengebracht haben. Nach der Auferstehung Jesu lebten sie mindestens zehn Jahre in Jerusalem. Johannes hatte die Mutter Jesu bei sich, im Hause der Mutter des Markus trafen sich die Mitglieder der Urgemeinde von

Jerusalem. Erst Anfang der 40er Jahre ging Markus mit Petrus nach Rom. Johannes blieb bis zum Tode Marias im Jahre 48 n. Chr. in Jerusalem. Zehn Jahre standen Johannes und Markus in ständigem Dialog über das, was ihr Leben von Anfang an geprägt hatte. Sie mussten nicht voneinander abschreiben.

Einer der Gründe, warum Markus in den Jahren 42 bis 46 n. Chr. in Rom an die Ausarbeitung seines Berichtes ging, war der, dass man mit Johannes römische Leser und Hörer überfordert hätte. Ein einfaches Beispiel dafür liefert die Erzählung von der Fußwaschung, in Verbindung mit dem letzten Abendmahl:

„Als er ihnen die Füße gewaschen, sein Gewand wieder angelegt und Platz genommen hatte, sagte er zu ihnen: Begreift ihr, was ich an euch getan habe? Ihr sagt zu mir Meister und Herr, und ihr nennt mich mit Recht so, denn ich bin es. Wenn nun ich, der Herr und Meister, euch die Füße gewaschen habe, dann müsst auch ihr einander die Füße waschen. Ich habe euch ein Beispiel gegeben, damit auch ihr so handelt, wie ich an euch gehandelt habe"(Joh 13, 12-15).

Ein solcher Bericht musste Römer schocken. Das Fußwaschen – und ähnliche Dienste – war Sache der Sklaven. Die Sklaverei gehörte zum Fundament des römischen Staatswesens, war im Gesetz (in der Verfassung) verankert. Jeder Versuch, dies zu verändern, galt als Anschlag auf den Staat, auf das römische Imperium. Als ein christlicher Sklave (Onesimus) seinem Herrn (Philemon) entlief und Zuflucht bei Paulus suchte, schickte ihn dieser zu seinem Herrn zurück. Gesetz war Gesetz, und Christen respektierten es lange. Die Aushöhlung gelang nur über große Zeiträume, und das von innen.

Ein Bericht, in dem ein Herr (Jesus) seinen Schülern (Jüngern) die Füße gewaschen hat, musste auf emotionale und rechtliche Ablehnung stoßen. Das konnte man erst später und wahrscheinlich nur in engeren Zirkeln wagen. Vor diesem Hintergrund wird verständlich, warum Markus für die Römer einen eigenen Bericht verfasste, der auf die Denkweise der Angesprochenen besser zugeschnitten war. Es war dennoch mehr als genug, was auch er ihnen zumuten musste.

Ein oft vorgebrachter Vorwand gegen die frühe Entstehung des Johannesberichtes in Palästina war der, dass in Judäa Griechisch eine Fremdsprache war. Das führte zu einem der ärgsten Fehlschlüsse. Nicht nur in den Randgebieten des jüdischen Kernlandes sprach man griechisch, sondern auch in Jerusalem. Das hätte man im 19. Jahrhundert wissen können. Bereits im dritten Jahrhundert vor Christus wurde in Alexandrien das Alte Testament ins Griechische übersetzt. Diese Übersetzung wurde möglicherweise auch in den Synagogen Jerusalems häufiger benutzt als der hebräische Originaltext. Das Griechisch des Johannes ist kein Hochgriechisch, aber es ist eine gepflegte Sprache, „klar und eindrucksvoll" – wie C. K. Barret meint. Von Nikodemus darf man annehmen, dass er das Hochgriechische sprach.

Was unsere Hände angefasst haben

Aus der Sicht der einseitigen Bibelkritik ist verständlich, dass man auch die Entstehung der drei Briefe des Johannes und der ihm zugeschriebenen »Geheimen Offenbarung« spät anzusetzen versuchte. In der Einheitsübersetzung der Bibel aus dem Jahre 1980 heißt es zum ersten Johannesbrief: „Dieses Schreiben ist wohl gegen Ende des ersten Jahrhunderts abgefasst ... der Verfasser rechnet sich zu einer Gruppe christlicher Lehrer ...“ Also nicht Johannes ist der Verfasser, sondern jemand aus der Gruppe von Lehrern!

Aber gerade dieser Brief beginnt mit den Worten: „Was von Anfang an war, was wir gehört haben, was wir mit unseren Augen gesehen, was wir geschaut und was unsere Hände angefasst haben, das verkünden wir: das Wort des Lebens.“ Und ein paar Zeilen weiter abermals: „Was wir gesehen und gehört haben, das verkünden wir auch euch, damit auch ihr Gemeinschaft mit uns habt.“

Deutlicher konnte Johannes seine Identität nicht vorstellen. Mit einer verblüffenden Unbekümmertheit – angelsächsische Autoren sprechen von „Frechheit“ – werden diese Zeilen verdrängt und „Lehrer gegen Ende des 1. Jahrhunderts“ zu Verfassern erklärt. Es ist unglaublich, was intelligenten und gebildeten Gläubigen in den christlichen Kirchen von Schreibtischtheologen zugemutet wurde. Aber es zeigt auf der anderen Seite, wie ähnlich die Situation wenige Jahre nach dem Abgang Jesu mit der an der Schwelle zum dritten Jahrtausend ist.

Kaum hatten Johannes und Paulus die von ihnen gegründeten Gemeinden verlassen, da tauchten Leute auf, die es besser wissen wollten. Gerade das sehr vergeistigte Johannesevangelium war für die Esoteriker der damaligen Zeit – in jenen Jahren Gnostiker genannt – ein Ansatz, um die verkündete Lehre zu verfälschen. Man kann das gleiche Phänomen heute bei den Begleitumständen zu Marienerscheinungen beobachten. Es treten sofort Personen auf, die es besser wissen wollen und die ihre eigenen Theorien verbreiten.

In den Briefen des Johannes werden keine Verfolgungen erwähnt, sie hatten also noch nicht stattgefunden. Es geht um die unter Kaiser Nero (an der Macht von 54 bis 68 n. Chr.) und unter Kaiser Domitian (von 81 bis 96 n. Chr.). Undenkbar, dass Johannes diese für alle schrecklichen Erinnerungen und traumatischen Erfahrungen nicht erwähnt hätte, wären die Briefe tatsächlich danach geschrieben worden – also um das Jahr 100 n. Chr.

Sie müssen demnach vor der Verfolgung durch Kaiser Nero im Jahre 65 n. Chr. niedergeschrieben worden sein, also in der Zeit von 60 bis 65 n. Chr. Zu dieser Zeit braute sich zwar in den führenden Staatsschichten bereits etwas gegen das Christentum zusammen, aber niemand konnte ahnen, wie grausam diese Verfolgungen sein würden. Die Briefe beweisen, dass vor den Verfolgungen die Irrlehrer ihr Unwesen trieben. Möglicherweise ist das ein Grund, warum die „Irrlehrer" von heute die Entstehungsdaten hinausschieben möchten.

Es ging vor allem um zwei Verkündigungsinhalte: Zunächst wurde geleugnet, dass Jesus der Sohn Gottes war. Der Glaube an die „Präexistenz" wurde zurückgewiesen, d.h. an die Existenz als Gott vor seiner menschlichen Geburt. Es war die Grundlage der johanneischen und auch der paulinischen Verkündigung. Noch mehr irritierte die Esoteriker die Inkarnation (Menschwerdung

Gottes). Sie lehrten, dass es sich bei Jesus und seinem Körper um einen Scheinleib gehandelt habe. Die Materie sei böse, deshalb habe Gott keinen menschlichen Körper annehmen können.

Bei der Zurückweisung dieser Irrlehren wird Johannes überraschend scharf. Er möchte so früh wie möglich warnen, um jeder Verwirrung vorzubeugen. Johannes spricht vom Antichristen. Dieser hat demnach schon sehr früh zu wirken begonnen. Die Briefe des Johannes setzen das von ihm veröffentlichte Evangelium voraus, er verteidigt es und will es vor Verfälschung und Fehlinterpretationen bewahren.

„Lasst euch nicht verunsichern. Glaubt an Gott und glaubt an mich“ (Joh 14, 1), hatte Jesus seinen Jüngern am letzten Abend gesagt. Es muss ein normales Bedürfnis gewesen sein, sich dieser und anderer Worte ständig zu erinnern – wie, wenn nicht durch Schriftlesungen.

Die frühe Entstehung schließt spätere Überarbeitungen durch Johannes selber nicht aus. Für jeden Schriftsteller, für jeden Literaten ist das etwas Normales. Eine spätere Ergänzung scheint der Prolog (Einführung) zu sein: „Im Anfang war das Wort, und das Wort war bei Gott, und das Wort war Gott“ (Joh 1, 1). Ferner wurde wohl auch das Schlusskapitel 21 hinzugefügt, in dem Petrus beauftragt wird, die kommende Gemeinde zu führen. Der Grund könnte der Tod des Petrus gewesen sein, als sich das Problem der Nachfolge stellte. Hier wollte Johannes mit seiner großen Autorität noch einmal auf die Nachfolger des Petrus verweisen. Deshalb führt er als Zeugen der Beauftragung den Apostel Thomas an, der in der jungen Kirche eine sehr große Autorität besaß, nicht zuletzt deshalb, weil er bei der Verkündigung bis nach Indien vorgedrungen war. Die letzte Überarbeitung könnte dazu beigetragen haben, dem Johannes die Niederschrift des Evangeliums erst im hohen Alter zuzuschreiben.

Andere zwischenzeitliche Überarbeitungen sind wahrscheinlich, als Johannes den Eindruck gewann, dass die Verkündigung der Botschaft Jesu sich zunehmend von Palästina weg verlagerte und die politische Entwicklung erahnen ließ, dass die Tage des Tempels und der Priesterschicht in Jerusalem gezählt waren und er die Mentalität der neuen Leser mehr berücksichtigen musste. In groben Umrissen kann man die Entwicklung des Textes in vier Phasen einteilen: erste Niederschrift in den 30er Jahren; Fertigstellung des uns heute bekannten Textes des Johannesberichtes – mit Ausnahme der Einleitung und des sogenannten Epilogs (21. Kapitel), in den Jahren zwischen 50 und 55 n. Chr. – zeitgleich mit dem Lukasbericht; Entstehung der Johannesbriefe zwischen 60 und 65 n. Chr., noch vor dem Ausbruch der ersten großen Verfolgung unter Kaiser Nero; schließlich die Ergänzung des Evangeliums durch Hinzufügung des Prologs und des Epilogs Ende der 60er Jahre oder später, in jedem Fall aber durch Johannes selbst.

Matthäus, Markus, Lukas

„Es ist höchste Zeit, die Interpretation des Neuen Testamentes aus den luftigen Höhen der theologischen Deutungen wieder auf den festen Boden der Geschichtswissenschaften herunterzuholen." Mit großer Genugtuung las ich Ende des Jahres 2002 diese Erklärung. Hatte ich doch seit 1998 in dem Informationsdienst »Der Christ von Morgen« eine solche Neubesinnung immer wieder angemahnt. Die obige Aussage kam von Professor W. Brandmüller, Präsident der Päpstlichen Kommission für die historischen Wissenschaften, auf einer nicht öffentlichen Konferenz in Rom. Er hatte Historiker, Archäologen, klassische Philologen, Literaturhistoriker und Neutestamentler aus mehreren Ländern eingeladen.

Der Archäologe Michele Piccirillo aus Jerusalem machte in seinem Eröffnungsvortrag darauf aufmerksam, dass die Archäologie immer mehr Fragen beantworte, und sein Kollege C. P. Thiede aus Basel unterstützte ihn mit der Nachricht: „Wir wissen wieder genau, wo der auferstandene Jesus mit den beiden Jüngern (in Emmaus) das Brot brach." Das Neue Testament müsse heute als historische Quelle gesehen werden, meinte Klaus Rosen aus Bonn. Sogar die „Weihnachtslegende" kam durch den Würzburger Astronomen und Mathematiker Theodor Schmidt-Kaler wieder zu Ehren. Jede Einzelheit des Berichtes über den „Stern von Bethlehem" entspreche den Sachkenntnissen. Auch die Reiseroute der „Drei Heiligen Könige" lasse sich rekonstruieren.

Der Neuanfang, sofern er gewagt wird, muss damit ansetzen, die Berichte der Evangelisten Matthäus, Markus, Lukas und Johannes für authentisch zu halten – wie es bei anderen Autoren aus derselben Zeit eine Selbstverständlichkeit ist. Die Spekulationen über die Entstehung der Evangelien erinnern eher an ein Spielchen unter männlichen Wissenschaftlern, und als solche werden sie sich auch erweisen.

Der Aufbau und die innere Logik der Texte können sehr aufschlussreich sein, wenn man unvoreingenommen an sie herangeht. Beim Kapitel über Johannes habe ich die Gründe angeführt, die dafür sprechen, dass der Bericht nicht an die griechische Welt gerichtet sein konnte, sondern an eine rein jüdische, und warum er sehr früh verfasst sein musste. Die Führungsschicht Israels hatte versagt und eine große Verantwortung auf sich geladen. Das hat Petrus ein paar Wochen nach der Kreuzigung Jesu in aller Öffentlichkeit und gegenüber den entscheidenden Vertretern Israels ausgesprochen. Die „Bauleute" klagte er an, nicht das Volk. Das Volk rief er im Gegenteil dazu auf, „sich aus dieser verdorbenen Generation zu retten" (Apg 2, 40). Johannes wirkt wie ein letzter, sehr ernster Versuch, die Priesterhierarchie und die Theologen doch noch zu überzeugen. Im übrigen wäre diese Sicht eine eigene Buchveröffentlichung wert.

Aufeinander abgestimmt

Ein enger Zusammenhang zwischen Johannes und Matthäus auf der einen Seite und zwischen Markus und Lukas auf der anderen Seite fällt ins Auge. Das lässt sich erklären. Johannes schrieb inhaltlich auf einem sehr hohen Niveau. Das hängt mit den Erstadressaten zusammen, die er im Auge hatte. Matthäus erkannte sehr bald, dass die breite Masse damit überfordert war. Für Paulus bildete Johannes eine gute Basis, er war gebildeter Theologe mit einem klaren Blick für große Dimensionen, jedoch nicht so für den einfachen Menschen des jüdischen Kulturkreises. Die brauchten handfeste Anleitungen. Insofern kann man Matthäus als Fortsetzung und Ergänzung von Johannes betrachten.

Markus folgte dem Drängen römischer Zuhörer des Petrus, seine Verkündigung zu Papier zu bringen. Der Bericht ist knapp, klar, mit übersichtlichem Aufbau, beinahe wie ein modernes Drehbuch. Lukas erkannte fünf bis zehn Jahre später, dass inzwischen mehr erwartet wurde. Deshalb entstand sein ausführlicher Bericht. Das ist der Zusammenhang zwischen Markus und Lukas, der übrigens zum Teil sogar von den liberalen Kritikern gesehen wurde.

Alle starteten und stützten sich auf Fakten. Sie berufen sich immer wieder auf Ereignisse. Deutlich erkennt man dies am Auferstehungsbericht bei Markus (16, 1-7). Um der historischen Glaubwürdigkeit willen hebt er mit Nachdruck die an die Frauen im Grabe gerichteten Worte hervor: „Erschreckt nicht! Ihr sucht Jesus von Nazareth, den Gekreuzigten. Er ist auferstanden, er ist nicht hier." Diese Mitteilung ist so gewaltig, so erdbebenartig, dass sie nicht von einem Menschen, sondern von einem Wesen (Engel) aus der Ewigkeit überbracht wird – „sie sahen auf der rechten Seite einen jungen Mann (Engel) sitzen, der mit einem weißen Gewand bekleidet war; da erschraken sie sehr."

Sofort bringt der Engel das Problem der Identität zur Sprache: „Ihr sucht Jesus von Nazareth, den Gekreuzigten. Er ist auferstanden, er ist nicht hier." Mit anderen Worten, jener Mensch, der vor 48 Stunden am Kreuze gestorben ist, den ihr hier bestattet habt, diese Person ist auferstanden. Sie ist nicht mehr hier. Überzeugt euch davon. Kein Leichnam, kein Körper. Der Körper ist weg, prüft es. Die Evangelien legen allergrößten Wert auf physische Nachprüfbarkeit, nicht auf die „Sicht des Herzens". Die Auferstehung ist Realität, nicht Vorstellung, nicht Einbildung, nicht symbolischer Entwurf, sie ist zuverlässige historische Erfahrung, auf die sich der Glaube stützen kann. Darauf hat die Urkirche von Anfang an den allergrößten Wert gelegt. Dennoch ist das „leere Grab" nicht allein Grundlage des Auferstehungsglaubens gewesen. Entscheidend für die historische Zuverlässigkeit war die persönliche Begegnung der Jünger Jesu und anderer Menschen mit dem Auferstandenen, und zwar in einer physisch erfahrbaren Weise. Er hat mit ihnen gegessen und getrunken, er forderte sie auf, ihn zu berühren, mit dem deutlichen Hinweis, dass ein Geist nicht zu spüren sei.

Lukas hält sich bei seinen Berichten über den Auferstandenen an die in der Einleitung seines Buches angekündigte historische Sorgfalt. Als die zwei Jünger, denen sich Jesus am Tage seiner Auferstehung auf dem Wege nach Emmaus näherte, um sich kurz danach zu erkennen zu geben – so der Evangelist –, nach dieser aufwühlenden Begegnung nach Jerusalem zurückkehrten, um darüber den Aposteln Bericht zu geben, wurden sie von diesen mit den Worten empfangen: „Der Herr ist wirklich auferstanden und ist dem Simon erschienen“ (Lk 24, 32). Sie betonen mit Nachdruck „wirklich auferstanden“.

Bei seinem ersten großen Auftritt am Pfingstfest in Jerusalem beruft auch Petrus sich auf Fakten: „Israeliten, hört diese Worte: Jesus, den Nazoräer, den Gott vor euch beglaubigt hat durch machtvolle Taten, Wunder und Zeichen, die er durch ihn in eurer Mitte getan hat, wie ihr selbst wisst ...“ (Apg 2, 22). Petrus kann sagen „wie ihr selbst wisst“. Denn unter seinen Zuhörern waren Menschen, die Heilungen in Jerusalem miterlebt hatten, zuletzt die Auferweckung des Lazarus, der bereits vier Tage im Grabe gelegen hatte.

Es geht hier nicht um spielerische Formulierungen oder Darstellungen, um theoretische, unbedeutende Nuancen, um theologische Fachsicht, es geht um die bluternste Frage nach der historischen Wirklichkeit und damit um die Glaubwürdigkeit der Auferstehung, dem Fundament des christlichen Glaubens. Gerade in diesem Bereich ist der liberalen Bibelkritik der größte Einbruch in die christlichen Kirchen gelungen.

Matthäus war kein Anfänger

Die Evangelisten gingen nicht leichtfertig vor. Beim Schreiben hielten sie sich an die damaligen literarischen Gepflogenheiten. Man begann mit einem Entwurf, mit einem ordnenden Konzept, dem der Inhalt eingefügt wurde. Grundlage des Entwurfs konnten chronologische

Ereignisse sein, eine Person oder Lehrmeinungen bzw. Sprüche.

Am ehesten fällt das bei Matthäus ins Auge. Ihm ging es besonders darum, den Kern der Lehre Jesu darzulegen. Er wandte sich an die Masse der aus dem Judentum kommenden Christen. 60 Prozent seines Textes ist eine Sammlung von Sprüchen, Belehrungen. Sie nehmen den breitesten Raum ein. Den Höhepunkt bilden die Seligpreisungen, dann kommen moralische Richtlinien, schließlich die Erläuterung, was mit dem von Jesus verkündeten „Reich Gottes" gemeint sei.

Matthäus war an das Schreiben gewöhnt. Als höherer Finanzbeamter wusste er, wie Berichte verfasst werden und dass man sich an nachweisbare Begebenheiten halten muss. Natürlich hat er nicht eigenmächtig gehandelt. Er schrieb in Zusammenarbeit und unter Anregung der anderen Apostel. Diese Kooperation ist das eigentliche gruppendynamische Wunder in der Urkirche. Eine kleine Parallele in unserer Zeit bilden die Seher von Medjugorje, die noch nach über zwanzig Jahren den Ablauf der ersten Jahre nach 1981 zu schildern wissen und sich dabei nicht widersprechen, sondern stets ergänzen. Matthäus verwandte zum Teil Texte, die zusammen ausgearbeitet worden waren. Seine Arbeit ist als technische Hilfe für die anderen Apostel zu werten, er wollte gewissermaßen ihre Verkündigung dokumentarisch festhalten. Man kann seinen Bericht auch eine Zusammenfassung der Lehre der Apostel bezeichnen. Er hat universalen Charakter und hatte über Jahrhunderte das größte Ansehen.

Wie stark Matthäus sich an Fakten hielt, zeigt seine Schilderung der Verwirrung innerhalb der Priesterkaste am Ostermorgen. „Noch während die Frauen unterwegs waren, kamen einige von den Wächtern in die Stadt und berichteten den Hohenpriestern alles, was geschehen war. Diese fassten gemeinsam mit den Ältesten den Beschluss, die Soldaten zu bestechen. Sie gaben ihnen viel Geld und sagten: Erzählt den Leuten: Seine Jünger sind bei Nacht gekommen und haben ihn gestohlen, während wir schliefen. Falls der Statthalter davon hört, werden wir ihn beschwichtigen und dafür sorgen, dass ihr nichts zu befürchten habt. Die Soldaten nahmen das Geld und machten alles so, wie man es ihnen gesagt hatte. So kommt es, dass dieses Gerücht bei den Juden bis heute verbreitet ist“ (Mt 28, 11-15).

Matthäus muss schon früh Notizen gemacht haben, wahrscheinlich noch zu Lebzeiten Jesu. Das gilt auch für das Evangelium. Die Umstände drängten. Es war damals nicht anders als heute. Die Neubekehrten wollten Unterlagen, nicht nur in Rom. Der erste Entwurf muss in den 30er Jahren vorgelegen haben. Mitte der 40er Jahre n. Chr. dürfte es fertig gewesen sein.

Einen nicht unwichtigen Beitrag für diese Annahme liefert Indien. Thomas (der sogenannte ungläubige), einer der Zwölf, war bis an die Südküste des Subkontinentes vorgedrungen. Er ist dort im Jahre 52 n. Chr. gelandet und hat sieben christliche Gemeinden gegründet, die bis heute existieren und ihre Tradition sehr pflegen. Hundert Jahre später, im Jahre 190 n. Chr., schickte der Bischof von Alexandrien, Demetrius, den hervorragenden Theologen

Pantaenus nach Südindien, weil dort gefährliche Irrlehren aufgetaucht waren. Er war sehr überrascht, dort blühende Gemeinden vorzufinden. Sie kannten nur das Evangelium nach Matthäus und zwar in aramäischer Sprache.

Lange Zeit ging man davon aus, dass Matthäus sein Evangelium erst in aramäischer Sprache verfasst und später eine zweite Fassung in griechisch vorgelegt hat. Heute nimmt man eher die umgekehrte Reihenfolge an. Als Thomas um das Jahr 50/51 nach Indien aufbrach, muss er jedenfalls die aramäische Ausgabe des Matthäus im Gepäck gehabt haben. Die „Frohe Botschaft" von Matthäus wurde zu einem der Spitzenwerke der Weltliteratur.

Nicht so Markus. Sein Evangelium behielt einen eher bescheidenen Rang. Christliche Schriftsteller des zweiten Jahrhunderts wie Papia nahmen ihm ein wenig übel, dass er die Chronologie, die Abfolge der Ereignisse nicht genügend beachtet habe. Sein großer Vorteil war, dass er in Jerusalem an der Quelle saß. Er war Sohn der Maria. Ihr Haus war einer der Sammelpunkte der Jerusalemer Urgemeinde. Sie kamen aus Zypern und hatten dort Verwandte. Sein Vetter war Barnabas, der spätere Reisegefährte des Paulus in Kleinasien. Durch den ständigen Kontakt der Apostel untereinander liegt es auf der Hand, dass Markus sich von Matthäus hat inspirieren lassen. Da er jedoch zur rechten Hand des Petrus und zu seinem Interpreten wurde, ist sein Evangelium vor allem eine getreue Wiedergabe der Katechese des Petrus.

Dieser war nicht unbedingt auf die von Matthäus gesammelten Informationen angewiesen, er selbst besaß ausreichend eigene, denn er war – wie Johannes – ein Begleiter Jesu von Anfang an. Aber nicht nur das. Ihm oblag von Anfang an die Oberaufsicht über die in Jerusalem von allen Zwölfen abgesegneten Verkündigungstexte, wie es Lukas in der Apostelgeschichte erwähnt (Apg 6, 4). Man war jedoch nicht engherzig, sondern unterstützte sich gegenseitig.

Markus stand als junger Mann auch anderen zur Verfügung. Auf der ersten Missionsreise des Paulus begleitete er diesen sogar eine gewisse Strecke, trennte sich dann jedoch von ihm, was ihm Paulus wohl sehr verübelt hat. Später wird er jedoch in einem der Paulusbriefe wieder positiv erwähnt. Sie hatten sich wieder ausgesöhnt.

Großer Arzt der Antike

Ein faszinierender Mann dürfte Lukas gewesen sein, eine Abkürzung des Namens „Lucano". Er stammte aus Antiochien und war seiner Herkunft und Ausbildung nach ganz Grieche und von Beruf Arzt. Es gab zwei Ärzte in der Antike, die für immer Geschichte gemacht haben. Beide waren Griechen. Der erste war Hippokrates, der 400 Jahre vor Christus gelebt und die wissenschaftliche Heilkunde begründet hat. Der zweite war Lukas, der nicht nur etwas begründet hat, sondern neben der Medizin zum Träger einer Botschaft wurde, die für alle Zeiten in jeder Generation neu verinnerlicht werden muss.

Niemandem ist es je in den Kopf gekommen, die Existenz des Hippokrates und seine Lehre in Zweifel zu ziehen. Lukas dagegen wurde zur legendären Figur hochstilisiert und sein genialer Bericht über das Leben Jesu dubiosen Gemeinden zugeschrieben. Der Hauptgrund: Lukas habe Jesus die Prophezeiung von der Zerstörung Jerusalems in den Mund gelegt, die im Jahre 70 n. Chr. erfolgt ist, was nicht gewesen sein könne, da Jesus zu einer solchen Prophezeiung nicht fähig gewesen sei. Hier haben wir es mit einer Vorentscheidung zu tun, die jede wissenschaftliche Reflexion ausschließt.

Von allen Evangelisten ist Lukas dem damaligen griechischen Schreibstil am treuesten geblieben. Allein die psychologische Ausleuchtung seiner Schreibweise bestätigt die Zuverlässigkeit seines hinterlassenen Werkes. Im Unterschied zu den anderen Evangelisten verrät Lukas eine Unbefangenheit gerade in biologischen und medizinischen Fragen, die den anderen Evangelisten abgeht. Das wird beim Bericht über die Empfängnis und Schwangerschaft Mariens deutlich. Als der Bote aus der Ewigkeit dem Mädchen Maria in Nazareth kundtut, dass sie Mutter eines göttlichen Sohnes werden wird, fragt sie nach den Begleitumständen („da ich keinen Mann erkenne") und erhält die Antwort: Der Heilige Geist wird dich überschatten! Die Antwort ist ebenso klar wie sensationell und weicht von allen damals bekannten, vor allem griechischen Mythen radikal ab. Maria wird mit dem Problem der Parthenogenese, der jungfräulichen Empfängnis, konfrontiert.

Im Lichte modernster wissenschaftlicher Erkenntnisse ist eine solche nicht undenkbar. Die Entwicklung einer Keimzelle ohne männliche Befruchtung konnte experimentell nachgewiesen werden. Durch feine elektrische Impulse ist es gelungen, unbefruchtete Truthahneier oder

Froscheier zur Entwicklung zu bringen. Die Möglichkeit der natürlichen Parthenogenese beim Menschen wird nicht ausgeschlossen. Damit soll die Empfängnis Jesu nicht erklärt, sondern nur darauf hingewiesen werden, dass die jungfräuliche Geburt keineswegs im Gegensatz zu wissenschaftlichen Erkenntnissen steht. Lukas war griechischer Arzt und kannte daher gegenüber Frauen nicht jene Hemmungen, wie sie Juden und evangelische und katholische Theologen noch im 19. und 20. Jahrhundert hatten.

Es ist für uns von ungeheurem Wert, dass nicht nur jüdische Anhänger Jesu über sein Leben berichtet haben, sondern auch ein von außen her kommender Heide (Grieche), der zudem als hochgebildet gelten muss. Einiges deutet darauf hin, dass er die Möglichkeit gehabt hat, Maria selbst zu befragen, worauf seine Bemerkung hindeutet, er habe „alles von Anfang an untersucht“. Er war Maria gegenüber weitaus unbefangener als Markus oder Johannes, die noch sehr jung waren, als sie Maria kennen lernten.

Ausgerechnet bei Lukas finden wir die ergreifende Szene über die beiden mit Jesus gekreuzigten Mörder, von denen sich der eine noch in letzter Minute Jesus mit der Bitte zuwandte, ihm seine Sünden zu vergeben. Woher konnte Lukas diese Einzelheiten so genau wissen, wenn nicht von jemandem, der selbst unter dem Kreuze gestanden hat, also von Maria.

Es macht nachdenklich, warum die Kindheitsgeschichte Jesu, vor allem die Verkündigungsszene, erst von Lukas eingebracht wurde, obwohl sie als Dokument wahrscheinlich längst existiert hat. Die Antwort drängt sich auf:

Lukas hat diese Szene aufnehmen können, weil Maria nicht mehr lebte. Hätte man früher darüber geschrieben, Maria wäre unnötigerweise dem Gespött ihrer feindlichen Umwelt ausgeliefert gewesen, vor allem in Jerusalem. Die Feinfühligkeit der Evangelisten ist beeindruckend. Sie haben nicht – im Stile heutiger Journalisten – Berichte gebracht, ohne die Folgen zu bedenken. Im Gegenteil, sie hatten sie genau im Auge. Der Lobgesang Marias im ersten Kapitel mit den Worten „künftig werden mich selig preisen alle Geschlechter" deutet jedoch darauf hin, dass Maria bereits in der Urgemeinde hoch verehrt war.

Lukas dachte beim Schreiben an die Menschen des Römischen Imperiums. Er liefert ihnen die Vision einer Zukunft, die Gültigkeit hat für die ganze Menschheit. Er steht im Gegensatz zur Lustgesellschaft seiner Zeit, die geprägt war von Zynismus und Genuss. Auffallend ist bei ihm – im Gegensatz zur damaligen Literatur – die große Hochachtung für die Frau und für die Armut als Lebensstil. Er hat keine Hemmungen, Frauen aus dem Umfeld Jesu entsprechend herauszustellen.

Das trifft nicht nur auf Maria zu, sondern auch auf deren Verwandte Elisabeth, die Mutter von Johannes dem Täufer. Er beschreibt die Reue der öffentlichen Sünderin, erwähnt den Ruf einer Frau aus der Menge, die jene Frau preist, die Jesus zur Welt gebracht hat. Er berichtet von Marta, der übereifrigen Gastgeberin von Jesus, und über die weinenden Frauen, die ihn auf dem Weg nach Golgatha beklagt haben, schließlich jene, die unter dem Kreuze neben Maria, der Mutter Jesu, ausgeharrt haben.

Lukas ist darauf bedacht, da er für römische Leser schreibt, die Verantwortung der jüdischen Behörden für den Tod Jesu mehr herauszustellen als die des römischen Prokurators.

Literarische Zeitgenossen

Literarischer Zeitgenosse von Lukas war der Philosoph Lucius Annaeus Seneca (4 v. Chr. - 65 n. Chr.). Sein Hauptinteresse galt nicht dem wissenschaftlichen Denken, sondern dem richtigen Handeln. Seine Bücher sind wie Lehrvorträge über das entsprechende Verhalten gegenüber dem Leben und dem Tod. In seinen Schriften versucht er die verhängnisvolle Wirkung menschlicher Leidenschaften zu verdeutlichen. Von daher stand er der Gedankenwelt des Lukas sehr nahe. Undenkbar, dass beide nicht voneinander gehört haben sollen und dass sie einander nicht begegnet sind. Gelegenheit dazu boten Aufenthalte des Lukas in Rom, wo möglicherweise sein Evangelium den letzten Schliff bekommen hat.

Der zweite bekannte Literat dieser Zeit war Petronius Arbiter, als Meister der Kunst des Lebensgenusses bekannt (arbiter elegantiarum). In seinem Roman »Satyricon« erzählt er in Ichform die Abenteuer eines jungen Mannes, eine realistische Sittenschilderung von zügellosem Witz. Im 20. Jahrhundert hat ihn der polnische Schriftsteller Henryk Sienkiewicz in seinem Roman »Quo vadis« wieder lebendig werden lassen. Im »Satyricon« gibt es Andeutungen, dass Petronius sich über Markus lustig macht.

Auch wenn man sich über Markus und Matthäus lustig machte, ist nicht bekannt, dass man es auch über Lukas gewagt hat. So hoch war dessen Ansehen. Möglich, dass er auch Petronius begegnet ist. So groß war die Zahl der Literaten in Rom nicht, dass man nicht Kontakte untereinander gesucht hätte.

Noch vor der Verfolgung unter Nero muss man Lukas in Sicherheit gebracht haben. Er ging nach Theben in Griechenland. Dort haben ihn die römischen Fahnder während der zweiten großen Verfolgung unter Kaiser Domitian aufgespürt. Er starb den Märtyrertod. Von Theben wurden die Gebeine im vierten Jahrhundert nach Konstantinopel gebracht. Später verlegte man das Grab nach Padua.

1998 wurde der Sarkophag geöffnet, weil schon 1992 der orthodoxe Erzbischof von Theben bei einer Pilgerreise an das Grab des Evangelisten die Bitte geäußert hatte, ihm ein bedeutendes Bruchstück der Reliquien zu überlassen. Der wissenschaftliche Untersuchungsausschuss stellte fest, dass das Skelett einem Mann gehörte, der im vorgerückten Alter starb, ferner drei typische Verletzungen eines alten Mannes. Am 17. September 2000 überreichte eine katholische Delegation dem Metropoliten von Theben einen Teil der Rippe, die sich neben dem Herzen befand.

Lukas ist vor dem Jahre 50 n. Chr. Christ geworden. Von Anfang an muss er Material für sein Evangelium gesammelt haben, was zeigt, wie stark er von den Berichten aus dem Leben Jesu beeindruckt war und darauf brannte, sein Evangelium vorzulegen. Er wurde Reisebegleiter des Paulus. In seinem zweiten Brief an die Korinther ist Paulus voll des Lobes über das hohe Ansehen des Lukas in den Gemeinden. Als Paulus in den Jahren von 58 bis 60 n. Chr. in Cäsarea vom römischen Statthalter festgehalten wurde, muss Lukas weitere Unterlagen über die Anfänge der christlichen Gemeinde gesammelt haben, mit denen er sein zweites Werk, die Apostelgeschichte, beginnt.

Wir haben es bei den Evangelien nicht mit einander widersprechenden Berichten zu tun, vielmehr mit vier Porträts. Wenn vier Maler ein und dieselbe Person auf der Leinwand festhalten wollen, dann werden es vier verschiedene Bilder werden, die jeweils eine andere Sicht herausstellen. Sie ergänzen einander.

Rückblick

Fast ein Jahrzehnt habe ich mich mit der Geschichte der Bibelkritik auseinandergesetzt. Dabei bin ich zu dem Schluss gekommen, dass viel Aufwand für eine Methode verwandt wurde, die nie jemand hinterfragt hat, eine irrige Schlussfolgerung baute auf der anderen auf. Wie eine Wühlmaus suchte man nach gegenseitigen Abhängigkeiten, wer von wem Anleihen gemacht, wer von wem abgeschrieben hat. Man wollte Realität von persönlichen Gesichtspunkten trennen und verlor dabei immer mehr den Boden der Wirklichkeit unter den Füßen. Bei einigen Kritikern konnte man sich des Eindrucks nicht erwehren, eher mit Demagogen als mit Forschern zu tun zu haben.

Wie Marxismus und Rassentheorien, so hat auch die Bibelkritik die Geisteswissenschaften in einer Weise kompromittiert, die noch Folgen haben wird, wenn man mehr Abstand zu ihr haben kann. Man ging großzügig und selbstbewusst mit dem Begriff „historisch-kritisch" um, obwohl man immer weniger historisch dachte, ja den historischen Gesichtspunkt bewusst ausschaltete und dabei immer unkritischer wurde. Vorgefasste Meinungen, Ideologien, Abneigungen eignen sich nicht für eine strenge kritische Vorgehensweise.

1980 berief die Society for New Testament (Gesellschaft für das Neue Testament) in Cambridge ein Seminar ins Leben, dem führende Wissenschaftler angehörten. Es sollte sich mit dem sogenannten synoptischen Problem, also mit der gegenseitigen Abhängigkeit der Evangelisten Matthäus, Markus und Lukas beschäftigen. 1992 löste es sich wieder auf. Man musste zugeben, dass man nach zwölf Jahren nicht in einem einzigen Punkt einig geworden war.

Zum Schluss muss noch einmal herausgestellt werden, dass es Anglikaner und Protestanten waren, von denen die Neuorientierung ausgegangen ist. Manchen verantwortlichen Männern der Kirche bleibt dagegen der Vorwurf nicht erspart, dass sie die folgenschweren Verirrungen, zum Teil aus Selbstgefälligkeit, nicht rechtzeitig wahrgenommen haben. Sie haben nicht gesehen, wie unheilvoll die Folgen sein können, wenn Sprache nicht der Wahrheit dient, sondern vom Spieltrieb des Menschen vereinnahmt wird. Sprache ist heute zu einem Grundübel geworden, sie dient nicht mehr der Verständigung, sondern der Täuschung, im besten Fall der Belustigung. Viele Bibelwissenschaftler sahen im 19. und 20. Jahrhundert ihre Hauptaufgabe in einer endlosen Textkritik.

Seinen Zorn gegenüber den Fachleuten der Sprache begründete Jesus mit deren Hang zum Kleinkarierten, zum isolierten Detail, was sie blind machte, in den Vorgängen, deren Zeugen sie wurden, die Erfüllung uralter Erwartungen der Menschheit zu sehen. Er würde, stände er manchen Theologen unserer Zeit gegenüber, mit bitteren Worten ebenso wenig sparen wie damals.

Diese Arbeit möchte ein bescheidener Beitrag sein, in diesem Bereich eine grundsätzliche Neubesinnung zu stärken, in der dem Wesentlichen wieder jene Stellung eingeräumt würde, die ihm gebührt, damit kommende

Generationen in den Ereignissen, von denen uns die vier Evangelisten berichten, die Morgenröte einer neuen Welt erkennen können.

Bibliographie

Barker M. »The Revelation of Jesus Christ«, Edinburgh, 2000

Barker M. »The Risen Lord«, Edinburgh, 1996

Barret C. K. »The Gospel According to St. John«, London, 1978

Berger Kl. »Im Anfang war Johannes«, Stuttgart, 1997

Berger Kl. »Wer war Jesus wirklich?«, Stuttgart, 1995

Blomberg Cr. »The Historical Reliability of the Gospels«, Leicester, 1987

Brown Sch. »The Origins of Christianity«, Oxford, 1993

Brown R.E. »The Gospel and Epistels of John«, Indore, 1986

O'Collins G. »Christology«, Oxford, 1995

Daniel-Rops H. »Die Umwelt Jesu«, Stuttgart, 1980

Gerhardson B. »The Origins of the Gospel Traditions«, London, 1992

Gerhardson B. »Memory & Manuscript«, Livonia, 1998

Jaros K. »Jesus von Nazareth«, Mainz, 2000

Marchadour A. »L'Evangile de Jean«, Paris, 1992

Meier J. P. »A Marginal Jew«, New York, 2001

Morison F. »Who Moved the Stone?«, London, 1993

Pallares J. C. »A Poor Man Called Jesus«, Indore, 1986

Pesch R. »Das Evangelium der Urgemeinde«, Freiburg i.Br., 1979

Pixner B. »Wege des Messias und Stätten der Urkirche«, Gießen, 1989

Ricciotti G. »Vita di Gesù Cristo«, Rom, 1940

Robinson J.A.T. »Wann entstand das Neue Testament?«, Wuppertal, 1986
Robinson J.A.T. »The Priority of John«, London, 1985
Sanders E.P. »The Historical Figure of Jesus«, London, 1993
Schmidt A. »Natur und Geheimnis«, Paderborn, 2001
Schulz H. J. »Die apostolische Herkunft der Evangelien«, Freiburg, 1995
Stauffer E. »Jesus war ganz anders«, Hamburg, 1967
Stauffer E. »Jesus Gestalt und Geschichte«, Bern, 1957
Stauffer E. »Die Botschaft Jesu«, Bern, 1959
Thiede C. P. »Der Jesus-Papyrus« München, 1996
Thiede C. P. »Ein Fisch für den römischen Kaiser«, München, 1998
Thiede C. P. »Die Messias-Sucher«, Stuttgart, 2002
Thiede C. P. »Geheimakte Petrus«, Stuttgart, 2002
Thiede C .P. »Die älteste Evangelien-Handschrift«, Wuppertal, 1986
Thiede C. P. »Jesus, Life or Legend«, Oxford, 1990
Weinreb Fr. »Die jüdischen Wurzeln des Matthäus-Evangeliums«, Weiler, 1991
Woodrow M./Sanders E. P. »People from the Bible«, Wilton, 1987
Wright N. T. »The New Testament and the People of God«, London, 1992
Wright N. T. »Jesus and the Victory of God«, London, 1996
Wright N. T. »The Challenge of Jesus«, London, 2000

Empfehlenswerte Bücher:

Der prophetische Aufbruch von Medjugorje

Alfons Sarrach

Jahrelange Beobachtungen und Erfahrungen in Medjugorje haben dieses Buch geprägt. Der Autor versteht es, die geistige Dimension dieses Einbruchs des Himmels vor Augen zu führen und zeigt deutlich den Kern der Aufrufe. Ein Theologe schreibt: „Ein Buch von Format."

208 Seiten, € 12.70

Medjugorjes Botschaft vom dienenden Gott

A. Sarrach

Die erläuterte Botschaft vom dienenden Gott erschüttert die Grundlage eines jahrtausendealten Denkens in den Kategorien von Macht und Herrschaft auf allen Ebenen des menschlichen Daseins. Eine Botschaft, die bewegt und verändert.

192 Seiten, € 12.70

Komm Thomas, leg' deine Hand in meine Seite

Alfons Sarrach

Eine erzählerische Einführung in das Leben Jesu und seines Jüngers Thomas, der als der große Zweifler in die Geschichte eingegangen ist. Dieser dramatische Messiasbericht, der einmalig in seiner Art ist, veranschaulicht die geistige Verbundenheit des Apostels mit dem erhöhten Herrn und macht sie fruchtbar für andere.

320 Seiten, € 11.30

Auf den Spuren des „ungläubigen Thomas“ *A. Sarrach*

Ein Bericht über einen der wichtigsten Augenzeugen der Auferstehung Jesu. Thomas, der Kronzeuge für die Gottheit Jesu, ist kein Mythos, keine Legende, sondern gehört zu den größten Gestalten in der Geschichte der Menschheit. 192 Seiten, € 10.—

Die Madonna und die Deutschen

Alfons Sarrach

Das Weltbild wird seit Jahrtausenden vom männlichen Denken geprägt. Doch am Horizont dieser Zeit zeichnet sich eine Frauengestalt ab, die als einzige einen Ausweg aus der Sackgasse weist: die Madonna. Anhand der Ereignisse des 20. Jahrhunderts versucht der Autor dies im Zusammenhang mit Heede, Marienfried und Schönstatt zu begründen. 192 Seiten, € 10.—

Die Frau von Marpingen

Alfons Sarrach

1999 gab die Mutter Gottes in Marpingen Botschaften für Deutschland. In diesem Werk leistet der Autor nun eine breite Untersuchung vor dem Hintergrund der Zeitgeschichte und entdeckt verblüffende Zusammenhänge zwischen verwandten Vorgängen der letzten 100 Jahre. 178 Seiten, € 10.—